强国与富民

人大重阳名家解读中国发展

中国人民大学重阳金融研究院 主编

中国人民大学出版社
·北 京·

序

王　文*

中国人民大学重阳金融研究院（人大重阳）的品牌活动——对话名家系列讲座，已经日益得到政府部门、高校、研究机构、媒体等社会各界的广泛关注。讲座举办以来，约有 6 000 人次到现场聆听各个领域的知名专家学者讲述他们多年积淀的深刻思考和真知灼见，更有上百万人通过网络等多种传播媒介了解名家对于中国发展的解读，产生了广泛的社会影响。广大听众的热烈响应无疑是对人大重阳对话名家系列讲座的最好支持。

为了更集中展现这些名家的真知灼见，继推出《到人大重阳听名教授讲座（第一辑）》之后，我们又出版了新一辑——《强国与富民——人大重阳名家解读中国发展》。本辑收录了中央政策研究室原副主任、中国政策科学研究会执行会长郑新立，美国丹佛大学国际关系学院教授兼美中合作中心主任赵穗生，中国人民大学副校长吴晓求，中国人民大学国际关系学院院长杨光斌，中国

* 中国人民大学重阳金融研究院执行院长。

人民大学国际关系学院二级教授、美国研究中心主任时殷弘，中国人民大学国家发展与战略研究院常务副院长聂辉华等 16 位著名学者对于中国发展的解读，从强国和富民两个层面，回顾、梳理、总结中国走过的发展道路、所取得的巨大成就，以及当前面临的困难，并从中国与西方国家的比较中，探讨中国道路的合理性和创新性，展望中国未来发展之路。他们以深厚的学术功底结合长期的实地调研经历和丰富的国内外工作经验，理论结合实际，通俗生动地阐述了中国道路及未来发展，并提出了切实可行的政策建议，使得本书具有高度的思想性、可读性、知识性，为学者、政府人员及广大普通读者理解中国道路和中国社会提供了一个生动而翔实的读本。

对话名家系列讲座已经取得了较好的社会效益，深受社会各界的欢迎。讲座主题紧密结合当下中国发展过程中具有重大战略意义同时又是人民高度关注的热点和难点问题，比如“一带一路”建设与人类命运共同体、扩大内需对于中国经济发展的意义、如何应对中美贸易摩擦、美国对华政策变迁、中国的周边环境与安全战略、中国金融改革、中国政治改革、中国财税改革等高端前沿问题。名家大咖们以深入浅出、引人入胜的方式和启人心智的思想智慧，和广大听众面对面交流。听众们通过讲座可以近距离接触前沿知识、尖端理念和中国的时代脉络。这种兼容并蓄、学术自由的大学精神，人头攒动、济济一堂的热烈场景，仍将在人大重阳的讲坛上继续下去。

人大重阳作为一家中国特色新型智库，始终致力于发挥智库资政、启民、伐谋、孕才的功能，搭建起学术与社会、思想与公众、政策与研究之间的桥梁，将各种前沿的、有着深厚积淀的思想和学术研究成果介绍给更广大的公众，与大家共同学习交流，展开思想碰撞，并将重大思想成果及时呈送相关决策部门，从而产生更大的决策影响与社会影响。

欢迎更多的听众光临人大重阳对话名家系列讲座，我们将继续分享思想的盛宴。

目录

强国之路

富民之策

强国之路

1.

“一带一路”，任何急于求成的做法都是错误的

杨　恕*

“一带一路”倡议提出以来，我们取得了显著的成绩，但尚有不足。而对这样一个史无前例的创举，最不足的就是学术界——不研究问题。我们应该对六年来的成绩和问题进行认真分析和总结。对“一带一路”这一巨大合作项目的建设来说，六年只是一个开始，至少需要做20～30年的规划。任何急于求成、不实事求是的想法和做法都是错误的。只有不回避问题，才能解决问题，这才是真正的自信。

本文主要讲“一带”，但“一带”和“一路”实际上分不开，所以有些内容是讲“一带一路”整体，具体问题讲“一带”多一些。

---

* 兰州大学原副校长、中亚研究所所长。

未参加“一带一路”合作的主要国家和地区

“一带一路”倡议是中国第一次向世界提出的大空间、全经济领域的合作倡议。发改委、外交部和商务部联合发布的《推动共建丝绸之路经济带和21世纪海上丝绸之路的愿景与行动》（以下简称《愿景与行动》）称，“一带一路”倡议基于欧亚非，但不限于欧亚非。所以“一带一路”是中国向世界提出的大空间、全经济领域合作倡议，推动了国内经济发展，促进了产业结构调整，推进了与发展中国家的合作（发展中国家是合作主体），加快了国内外基础设施建设，加强了今后与沿线国家和地区合作的基础，增加了技术出口和高技术产品出口，在相当大程度上改变了世界对中国的认知。

未参加“一带一路”合作的国家和地区包括：第一是北美，目前美国、加拿大不参加，而且不参加的态度比较明确。第二是澳大利亚。第三是日本和韩国。第四是欧洲，主要是中欧和西欧。第五是印度。

我们提出“一带一路”倡议时，没有包括北美区域，所以不必赘述。这里问题最大、最值得特别关注的是印度。印度是我们的邻国，在“海上丝绸之路”区域里占了一半的人口和超过1/4的GDP，因此印度不参加就有问题了。

目前，我们对印度这个国家的关注严重不足，对这个国家缺乏最起码的了解。笔者在很多重要学术会议上多次呼吁关注这个问题，希望加强对印度的研究。

表 1－1 展示了几个不参加“一带一路”合作的国家和地区与中国的贸易情况。2017 年，与这些国家和地区的贸易额占了中国对外贸易总额的近一半。它们之中部分不在“一带一路”倡议范围之内，另一部分则在此范围内，特别是欧盟和印度。

表 1－1　2017 年中国与几个国家和地区的双边贸易情况

国家（地区）	美国	韩国	日本	欧盟	印度	合计
与中国的贸易总额（亿美元）	6 359.7	2 399.7	2 972.8	6 444.6	845.4	19 022.2
占中国对外贸易总额的比重（2017 年中国对外贸易总额为 41 045.04 亿美元）	15.49%	5.85%	7.24%	15.70%	2.06%	46.34%

资料来源：中华人民共和国商务部。

“丝绸之路经济带”和四个经济走廊

在“丝绸之路经济带”范围内有四大经济走廊，分别是中蒙俄经济走廊、新亚欧大陆桥经济走廊、中国—中亚—西亚经济走廊、中巴经济走廊。可能有人质疑，中巴经济走廊放到“丝绸之路经济带”是否合适。之所以将其归入该范围，是因为这个走廊的起点是新疆南部，终点是巴基斯坦。这条路是古代丝绸之路的重要通道。笔者曾于两年前提出一个概念，即“一带一路”双重身份国家——既是带上的，也是路上的。巴基斯坦就是这样一个国家。

经济走廊的主体是运输干线。中蒙俄经济走廊于 20 世纪 50 年代就开通了。1951 年，社会主义国家曾经在华沙签过一个社会主义国家范围内的铁路运输协定，我们习惯将其称为《华沙协定》。该协定在税收、过境费和进出口手续等方面都提供了很多方便。后来因为中苏关系紧张，这条走廊的运输量骤减，但它一直没有停运。多年来该走廊已经恢复甚至提高了原有运输功能。

新亚欧大陆桥“半新半旧”。其国内段——从连云港到乌鲁木齐早在 1962 年就通了；乌鲁木齐到阿拉山口段是 1990 年通的，1992 年正式投入运营，与当时中亚已经存在的铁路连接起来。也就是说，东边一段是旧的，西边一段是旧的，中间一段是新的。新亚欧大陆桥已经开通多年，运输量不断增加。

问题比较大的是中国—中亚—西亚走廊直到现在都不通。该走廊最早称为中吉铁路，预设从阿克苏到吉尔吉斯斯坦的奥什。后来设想将它修到乌兹别克斯坦并且再往西延伸。该设想提出多年来一直没有进展，到现在吉尔吉斯斯坦仍没有明确表态。这是这四条走廊里进展最慢的一个。

中巴经济走廊是国内宣传最多的一条走廊，公众和媒体普遍认为其取得的成绩最大。但笔者认为，这条走廊的负面效应被忽视了。印度不参加“一带一路”合作，跟这条走廊有很大关系。“一带一路”倡议是经济合作概念，不涉及军事战略。中巴经济走廊被赋予了一些超出经济合作的意义，让印度产生了很大的战略疑虑。

首先，能不能修铁路？中巴友谊公路北段经过克什米尔地区，地处帕米尔高原。几年前，国内一些地质研究部门做过考察和研究，提出在这个地区有 17 种严重的地质灾害，如滑坡、地震、泥石流等。从工程地质条件来说，这个地方不能修铁路，更不要说修高铁了。

其次，能不能修从瓜达尔港到喀什的管线？这个路段的海拔从 0 米提升到近 5 000 米，要把油运上去，沿途要修多个增压站；还要增温——因为有时候夏天夜间的气温会降到零下十几度；动力只有电能，所以还要修一条并行的输电线路。如果把这些成本都算进去，这个管线的成本就高得要命。

既不能修铁路，也不能修管线，那么就什么都不能干吗？不是。我们需要做的是把现有中巴友谊公路的改建做好，因为现有中巴友谊公路有些地方坡太陡、弯太急、路太窄。

“丝绸之路经济带”建设成果

国际反响良好，国际共识增加

自 2013 年“一带一路”倡议提出以来，做出积极反应的国家和地区一直在增加，特别是拉美和加勒比地区、南太平洋地区。其中，意大利值得特别说明。目前，意大利是欧盟主要成员国中唯一一个表示愿意参加合作的国家，不过这只是某副总理的意向，还没有获得政府的承诺。

除了政府行为，更多是企业行为。英国、瑞士、德国、日本等国家的情况是，尽管政府没有明确承诺参与“一带一路”，但一些部门，特别是很多企业已经做出了比较积极的反应。

战略对接涉及：欧亚经济联盟和非盟、东盟、哈萨克斯坦“光明之路”、土耳其“中间走廊”（是说土耳其是欧洲和西亚之间的走廊，与中国—中亚—西亚走廊契合度比较高）、蒙古国“发展之路”、越南“两廊一圈”。

突出成果表现为“一带一路”高峰论坛。2017 年首届“一带一路”国际合作高峰论坛在北京成功举办，29 个国家的元首和政府首脑出席，140 多个国家（地区）和 80 多个国际组织的 1 600 多名代表参会。论坛的 279 项成果中，到目前为止有 265 项已经完成或转为常态工作，剩下的 14 项在不断推进，落实率达 95%。

合作项目取得示范效应

“一带一路”倡议提出以来，我国聚焦“六廊六路多国多港”主骨架，推动一批合作项目取得实质性进展。

1. 走廊建设：中巴经济走廊、中蒙俄经济走廊等建设顺利推进。

2. 铁路建设：亚吉铁路（亚的斯亚贝巴—吉布提）、蒙内铁路（蒙巴萨—内罗毕）竣工通车，中老铁路、中泰铁路、匈塞铁路（布达佩斯—贝尔格莱德）建设稳步推进，雅万高铁（雅加达—万隆）部分路段已经开工建设。

3. 港口建设：斯里兰卡汉班托塔港、科伦坡港，巴基斯坦瓜达尔港，以及希腊比雷埃夫斯港等建设进展顺利，阿联酋哈利法港战略合作建设迈出重要步伐，缅甸皎漂经济特区项目谈判持续推进。

4. 航空合作：中国已与45个沿线国家（地区）实现直航，共有37个沿线国家（地区）的90家航空公司运营有至我国52个城市的定期航班。

5. 中欧班列：中欧班列累计开行数量突破1万列，到达欧洲15个国家43个城市，已实现“去三回二”，重箱率达85%。

6. 园区建设：中国—白俄罗斯工业园、柬埔寨西哈努克港经济特区、埃及苏伊士经贸合作区等成为“一带一路”产业合作的典范。

7. 能源合作：中缅原油管道投入使用，中俄原油管道复线正式投入使用，中俄东线天然气管道建设按计划推进。

贸易和投资合作不断扩大

自“一带一路”倡议提出以来，共建“一带一路”大幅提升了我国贸易投资自由化水平，推动我国开放空间从沿海、沿江向内陆、沿边延伸，形成陆海内外联动、东西双向互济的开放新格局。我国与沿线国家（地区）的贸易和投资合作不断扩大，形成了互利共赢的良好局面。

金融合作不断拓展

中国积极与“一带一路”沿线国家开展投融资合作，加强资金融通，推动建设多元化融资体系。中国与 17 个国家签署了《“一带一路”融资指导原则》，加快推进金融机构海外布局。截至 2018 年 6 月，我国在 7 个沿线国家建立了人民币清算安排，人民币跨境支付系统覆盖 41 个沿线国家（地区）；已有 11 家中资银行在 27 个沿线国家（地区）设立 71 家一级机构，与非洲开发银行、泛美开发银行、欧洲复兴开发银行等多边开发银行开展联合融资合作；加强法律风险防控，启动建立“一带一路”国际商事争端解决机制和机构。

文化交流日益增多

自“一带一路”倡议提出以来，我国积极与沿线国家（地区）开展教育、科技、文化等领域的合作，制定印发了教育、科技、金融、能源、农业、检验检疫、标准联通等多个领域的专项合作规划。通过实施“丝绸之路”奖学金计划、在境外设立办学机构等，为沿线国家（地区）培育了不少技术管理人才。

“一带一路”建设面临的问题

欧盟及韩、日的疑虑

由于价值观、制度、文化等差异，欧洲国家——主要是中西欧国家对中国的快速发展及“一带一路”倡议多存疑虑或持反对态度，至今没有主要的中西欧国家正式参加“一带一路”，它们更多地认为“一带一路”是一种地缘政治考虑。中国将“一带一路”作为区域经济发展倡议，它们却认为是地缘政治扩张而不是大区域经济发展设想，而且做了多种负面的表态。欧盟 20 多个驻华使节在 2018 年 4 月份写了报告，对“一带一路”倡议提出了很多质疑，实际上就是说明它们为什么不参加。这使得“丝绸之路经济带”西端游离于倡议之外。

韩国和日本不参与是因为双边国家关系的问题。2007 年钓鱼岛事件之后，中日关系一直在低谷徘徊，2018 年 10 月安倍访华后有明显改善，有人说这是一个转折点。是不是转折点，还需要时间证明。“一带一路”倡议提出时，中韩关系较好；但在 2015 年之后，中韩关系急剧降温。可以推断，韩国和日本到现在之所以不参加，是因为双边国家关系的问题。

中亚（主要是哈萨克斯坦）的“中国威胁论”

我们要客观认识丝绸之路上的“传统友谊”。关于丝绸之路，较为公认的是“兴于汉、盛于唐，至宋渐衰”。现在中亚国家的人——除了塔吉克斯坦人，在丝绸之路繁盛的时候都不在中亚，他们是随着蒙古西征来到中亚的。也就是说，在丝绸之路繁盛的时候与中国交往的人大都已经离开中亚这个地区了。

哈萨克斯坦总统战略研究所前副所长写了一本名为《哈萨克斯坦需要害怕中国吗?》的书，他的结论是“哈萨克斯坦不需要害怕中国”。他之所以写这本书，是因为“中国威胁论”在哈萨克斯坦还有市场。

我国与中亚国家的交流只有不到三十年的历史，真正的友谊还需要培植，相互了解是第一步。目前我们对中亚的了解只停留在经济和对外政策方面的一些研究，对中亚的历史文化研究非常不足。在中亚研究圈子里，懂中亚语言的人极少，这说明我们在这方面还有很多不足。与此相反的例子是，俄罗斯曾经有一位知名的研究中亚的学者，他懂七种语言，出过《中亚 12 讲》。我们对中亚的文化、历史等多个方面的了解不多，而相互了解是第一步，我们的第一步还没有完成。

吉尔吉斯斯坦一家主流媒体曾就俄罗斯、美国、中国在政治、军事、文化领域对吉的影响做过调查，其结果是：在政治方面，67%的人认为俄罗斯对吉尔吉斯斯坦产生的影响最大，其次是美国（35.6%），最后才是中国（14.8%）。在军事方面，86.8%的人认为俄罗斯对吉尔吉斯斯坦产生的影响最大，其次是美国（30%），最后才是中国（6.5%）。在文化领域，56.7%的人认为俄罗斯对吉尔吉斯斯坦产生的影响最大，其次是美国（35.5%），最后才是中国（6.9%）①。在其他国家，差别可能不大。

中亚国家（地区）间关系不睦

独立以来，由于历史、水资源、领土、毒品、劳动移民、恐怖活动、极端主义等原因，中亚的国家（地区）之间认同感不高，

---

① 该调查为多项选择，三个数值之和不为 100%。

关系不睦，造成了国家（地区）之间的矛盾甚至冲突，地区合作水平很低，直接影响了地区发展，也影响到上海合作组织的区域内合作和“丝绸之路经济带”。

中吉乌铁路没有修建，主要原因是吉尔吉斯斯坦认为这条铁路最大的获益者是乌兹别克斯坦，而不是吉尔吉斯斯坦，所以它不愿意积极地推动。中亚国家（地区）关系已经影响到“丝绸之路经济带”的发展，甚至有些问题很尖锐。乌兹别克斯坦新总统上任以后，在缓和周边关系方面做了很多工作，中亚国家（地区）关系有所改善。

西亚不稳定的局势

多年来，不稳定已经成为西亚多个国家（地区）的常态。目前，多种力量仍在为权力和利益角逐。目前西亚较关心的一个问题是中国是否参加叙利亚的重建工作，对中国—中亚—西亚经济走廊的关注度远远不如对叙利亚重建的关注度高。中国是否应该参加、能否参加、怎么参加，都是很现实的问题。

中亚—西亚间的经贸交流低谷

一般认为，中亚和西亚在空间位置上紧密相连，这两个地区的人们都信奉伊斯兰教，在历史上有很多联系，在中亚与西亚间建走廊似乎是顺理成章的事，而实际上并不是这么一回事。中亚和西亚在互联互通、经贸等方面的联系并不紧密，主要是土耳其和哈萨克斯坦之间联系较多，但其贸易额只占哈萨克斯坦的不到2%，其他中亚国家与哈萨克斯坦的贸易额不足哈萨克斯坦贸易总额的1%。土库曼斯坦的情况有所不同，它大量出口天然气。历史上，中亚曾被俄罗斯征服，西亚是英国和法国的地盘，双方没有紧密联系。苏联时期的情况与此差不多。现在这两个地区之间经贸合作水平很低，直通的交通线很少。跨里海大桥等建议并不具备可行性。

用一条直线连接乌鲁木齐和开罗，沿线国家首都有开罗、耶路撒冷、大马士革、巴格达、德黑兰、塔什干、杜尚别等，笔者将其称为中亚—西亚交通发展轴。直线意味着距离最短。今后如果有可以修路的合适时机，很可能会沿着这条线修，主要大城市和经济中心大都在这条线上或线的周围；离开这条线修路，成本和效果肯定不一样。

新疆能力不足

《愿景和行动》明确提出：新疆要成为重要交通枢纽、商贸物流和文化科教中心、“丝绸之路经济带”的核心区。但是新疆能力不足，严重限制了这几项功能的实现。新疆地区生产总值只占国内生产总值的1.3%，对外贸易额仅占中国对外贸易总额的0.5%，产业结构不合理，生产技术落后。其中对外贸易多依赖转口贸易，对境外的经济辐射能力很弱，难以发挥其优越的地缘优势。另外，新疆经济发展所需的资金、技术、人才严重不足。

新疆和周边八个国家相邻，有 17 个口岸，但进出口贸易总额很低，而且自然条件大都较差。笔者曾到过塔城的巴克图口岸，在那儿待了 3 个小时，只碰到了 4 辆卡车。笔者还去过中国和吉尔吉斯斯坦之间的两个口岸，海拔 3 000 米左右，内地的人去了可能喘不上气来，货物通过量很低。所以，新疆能力不足是很突出的问题。

国内经济发达地区主要选择海上丝绸之路

目前，国家经济发展的重点是“四区”“八市”。所谓“四区”，即京津冀经济圈、雄安新区、长江流域经济带、粤港澳大湾区；所谓“八市”，即北京、天津、郑州、上海、武汉、重庆、成都、广州。“丝绸之路经济带”涉及的我国西北地区并不在上述重点之列，意味着在国家相关投入有限的背景下，国内区域差别还会扩大。在“一带一路”框架内，这个问题意味着“一带”区域和“一路”区域的差别会扩大，这值得关注。我国国土面积广阔，人口众多，区域差别扩大绝对是坏事。

“四区”都在东部，也就是说国家的经济发展重心在东部，投资重心也在东部。西北面积广阔却没有重点发展城市，东北亦然，这不合理。西安的城市人口已达 500 多万，地区生产总值略低于武汉。从战略布局上来讲，应该考虑将西安作为一个重点发展城市。

与上海合作组织的关系

除印度外，上海合作组织成员均在“丝绸之路经济带”的范围内。印度和巴基斯坦是于 2015 年加入上海合作组织的，其中，巴基斯坦是双重身份国家。

上海合作组织成立以来，经贸合作一直是短板。上海合作组织有两个轮子：安全和经济。一个轮子大，一个轮子小，即安全轮子大，经济轮子小。车如果一个轮子大、一个轮子小，就绕圈子了。这是上海合作组织的老问题。如何处理上海合作组织成员与“丝绸之路经济带”的关系，使其相辅相成，仍没有明确的答案。在“丝绸之路经济带”最早提出的时候，有人就提出了这个问题。这是一个重大战略问题，中央也在考虑。印度不参与“一带一路”倡议，既不利于上海合作组织的发展，又不利于“一带一路”倡议的推进，就是一个例子。中巴经济走廊在“一带一路”中起什么作用？在上海合作组织内起什么作用？上海合作组织今后推行一些计划的难度可能会增加。所以，上海合作组织和“一带一路”之间的关系还需要做更深入的研究。

建议和前途

加强“一带”与“一路”关系的研究

既牵涉“一带”又牵涉“一路”的国内外问题是很大的问题，

但是现在国内在这方面的学术成果不多，深度不足。

加强对六大经济走廊之间的关系的研究

我国应加强对六大经济走廊之间的关系的研究，例如六大经济走廊在“一带一路”倡议里应该处于什么地位，对涉及的国家和地区会产生什么影响，其影响之间会产生什么连带效应。

加强中—吉—乌铁路的研究

现有中—吉—乌铁路的相关研究很少。笔者是最早参与这个研究的。最早是亚投行在2000年提出要修从阿克苏到吉尔吉斯斯坦的铁路，不涉及乌兹别克斯坦，只是中—吉铁路。这段铁路并不长，仅有400多千米。亚投行计划投资45亿美元，即成本约为1 000万美元/千米，基本要求是年货运量不得低于180万吨。但不论如何计算，该段铁路的年货运量都达不到180万吨，也就是说，收入不抵成本。但亚投行是商业银行，不会无偿援助。如果中—吉铁路能获得大量相关支持，那吉—乌铁路怎么办？吉—乌现在在这个问题上达成了哪些共识？还有什么矛盾？

加强对中国—中亚—西亚经济走廊的研究

通过对关于六大经济走廊的学术论文的统计可知，中巴经济走廊的相关学术论文有几百篇，而中国—中亚—西亚经济走廊的相关学术论文很少，只有十几篇，两者相比很不成比例，这很不正常。由此可知，我们需要加强对中国—中亚—西亚经济走廊的研究。

深化对提高中欧班列经济效益的研究

中欧班列（渝新欧铁路）很多是亏损的，一旦亏损就不可能长期运营。《愿景和行动》明确指出，要想长期市场运营，光靠政府补贴是不行的。我们需要深化对提高中欧班列经济效益的研究，以扭亏为盈，从而使其长期运营。

深化对“丝绸之路”的研究，特别是文化历史方面

“丝绸之路”这个名字是德国人李希霍芬提出的。在宣传中，特别是对外宣传中，我们要更关注“丝绸之路”的文化内涵。如果这方面做不好，在国外推行“一带一路”倡议的时候可能会有很多问题。

举两个例子。美国学者菲利普·霍夫曼写了《欧洲何以征服世界?》一书。其结论是：欧洲靠火药征服了世界，靠中国人创造的火药征服了世界——包括中国。众所周知，火药是通过丝绸之路传到欧洲的。

另一位美国学者米华健写了《丝绸之路》（牛津通识读本）。牛津大学出版社要求很高：第一，写这个内容的作者必须是这方面公认的权威学者；第二，语言表述适合大众阅读，而不是学术论文风格。该书的目录是：第一章“环境与帝国”；第二章“丝路

萤光闪烁的时代”，“荧光”就是丝绸的光泽；第三章“丝路上的生物学”；第四章“丝路上的技术”；第五章“丝路上的艺术”。作者从这几个方面介绍丝绸之路，这深化了丝绸之路的科学技术和文化内涵。

我们不能只从中国古代文献里找答案，而要有新的视角、新的材料；不能仅停留在丝绸之路是中国人创造的这个水平上，而要关注文化历史，从而深化对“一带一路”的研究。

结　语

自“一带一路”倡议提出以来，我们取得了显著的成绩，但也存在不少问题。对这样一个史无前例的创举，我们在方方面面的准备还不足。最不足的就是学术界——不研究问题。学术界应该对 6 年来的成绩和问题进行认真分析和总结。对“一带一路”这一巨大合作项目的建设来说，6 年只是一个开始，至少需要 20 年。任何急于求成、不实事求是的想法和做法都是错误的。只有不回避问题，才能解决问题，这才是真正的自信。

（本文由杨恕教授于 2018 年 11 月 20 日在人大重阳系列讲座中的演讲整理而成。）

2.

扩大内需是当前经济发展的关键

郑新立*

房地产市场成为金融风险的聚集区。经济学界的主流观点认为，票子发得太多了，房价就高，主张通过收紧银根的方法抑制房价。本文从宏观角度分析，房价过高的根本原因在于中国缺乏城乡一体化的房地产市场。扩大内需是应对中美贸易战的根本之策，中国的金融改革应在货币政策、直接融资、抑制房价上涨、乡村振兴和人民币国际化建设五个方面发力。

充分发挥货币政策在扩大内需中的作用

特朗普发动中美贸易战给中国经济带来的最大压力是出口增长受阻。应对贸易战的根本之策是扩大内需。我国人均国内生产总值为8 000多美元，全球人均国内生产总值为1万多美元，美国

* 中央政策研究室原副主任、中国政策科学研究会执行会长。

人均国内生产总值为 5 万多美元，我们连世界平均线都还没有达到，和美国比就差得更远了。如果我国经济能保持中高速的高质量发展，保持 10 年，到 2030 年，那么特朗普发动的贸易制裁对我国宏观经济的影响基本上可以忽略不计。也就是说，通过扩大内需，就可以把中美贸易战对我国的影响消化掉。①

2018 年 7 月 31 日，中央政治局召开会议，分析上半年经济形势，部署下半年经济工作。中央政治局会议从公报中传递出的一个重要信息就是“扩大内需”。笔者认为，中央充分考虑到了中美贸易战对我国的影响，扩大内需是在准确把握和分析中国经济运行现实情况的基础上提出来的。换言之，需求不足已经成为当前经济运行的主要矛盾。为什么说需求不足成为主要矛盾？有四个表现：

第一，经济下行压力大。经济下行已持续了六七年，经济增长速度由两位数降到 2008 年上半年的 6.7%。笔者认为，就中国的增长潜力而言，可以实现经济增长速度的回升，保持中高速增长。2018 年上半年，我国国内生产总值增长速度为 6.7%，同期美国为 4.2%。然而，按照国内生产总值增量绝对额来算，中国增加的总量绝对额少于美国，这说明我国与美国的差距拉大了，而不是缩小了。特朗普之所以发动中美贸易战，一个最根本的目的是美国要利用有限的资源来阻止中国的发展。据了解，美国智库

---

① 笔者在中央党校《学习时报》上发表了相关文章，标题为“扩大内需是应对美中贸易战的根本之策”。

在前几年把美国的利益分成了四个层面：贸易、盟友、军事和货币（全球储备货币地位）。贸易是美国较低层面的利益，最高层面的利益是美元在全球的储备货币地位。贸易战的目的在于维护美元在全球储备货币体系中的地位。所以，保持中国经济持续健康的发展，通过扩大内需来逐步缩小我国经济同美国经济的差距，会使美国发动中美贸易战的目的落空。

第二，M2 增长速度低于名义经济增长速度。2018 年上半年，M2 增长速度为 8%，经济增长速度为 6.7%；考虑到通货膨胀指数，经济增长速度高于 8%。所以，M2 的增长速度已经低于名义经济增长率，这个速度已经满足不了经济发展的需要。

第三，民间投资增速低迷。改革开放初期，民间投资为零。在长达 30 多年的时间内，民间投资平均增长速度在百分之二十几；民间投资占全社会投资的比例最高的时候达 65%，近几年逐渐下降到 60%，而且还在继续下降。民间投资的增长速度，前几年最低的时候只有百分之二点几，这几年平均增长速度为 5%～6%，国有投资增长速度约为 10%，全社会投资增长速度约为 8%，即民间投资的增长速度已经低于国有投资增长速度，也低于全社会投资增长速度。民间投资是经济活力的一个指标，个人在将钱用于投资的时候非常慎重，怕出现失误，所以，民间投资的效益比较好。民间投资上不去，增速下降，意味着经济增长缺乏后劲，缺乏活力。

第四，根据国际货币基金组织的统计，现在国内上市公司里，企业营收额低于还本付息额的占到17%。这意味着17%的上市公司陷入严重亏损、无法继续经营下去的困境，搞不好就会出现金融动荡。上市企业拥有成千上万名职工，他们拥有上亿元的银行贷款。一旦这些公司倒闭，将会引起很多社会矛盾。

从这四个表现来看，需求不足已经成为当前经济发展的主要矛盾。投资不足、消费不足、出口不足，三大需求都面临不足，所以表现为总需求不足。

这次中央政治局会议把扩大内需的任务交给了财政，以求发挥财政在扩大内需中的作用。财政的职能是结构优化，货币政策是管总量的，在扩大内需这个涉及经济总量的问题上，中央是有深刻考虑的。这与我们过去在金融领域的一些认知误区有关，其中最大的误区是过于关注经济的货币化率——M2的总量占GDP的比例已经达到百分之二百几了。而实际上，分析整个金融供给能否满足经济发展的需要，不仅要看货币化率，更要看证券化率（股市总值与国内生产总值的比值）。过去，经济学界光讲货币化率不讲证券化率，脱离了中国现在的金融结构。我国目前的融资结构以间接融资为主，直接融资为辅，直接融资始终没有很好地发展起来，导致证券化率比较低。美国的证券化率为170%，日本为160%，而中国只有49%。中国股市总值原为世界第二，仅次于美国，近年来日本超过中国，中国变成第三了。在直接融资不发达、股市融资渠道受阻的情况下，如果把间接融资控制得很严格，整个社会经济发展就会缺乏资金来源，这是总需求不足的一个根本原因。这意味着我们要全面地看待当前货币供应。M2 增速和经济增速之间是有相关关系的。笔者曾经两次到美国向诺贝尔经济学奖获得者、货币学的鼻祖、金融统计专家弗里德曼请教。他在研究日本、韩国、我国台湾省经济增长和 M2 增长规律时发现，在经济快速成长时期，M2 增长速度约为国内生产总值增长速度的两倍是合理的；如果 M2 增长速度长时间高于经济增长速度两倍，将导致通胀；如果 M2 增长速度长时间低于经济增长速度，将导致通货紧缩。中国在 1990—2010 年，M2 增长速度恰恰等于经济增长速度的两倍。2010 年之后，M2 增长速度逐渐下降，由两位数的增长下降到一位数的增长，一直降到 2018 年上半年低于经济名义增长率。经济增长下行是导致我国被动局面的最根本的原因。

银根控制过紧对宏观经济不利，对扩大内需不利，对应对中美贸易战不利。上一次研讨会后不到半个月，央行降准 1 个点。以后还应根据经济运行情况，逐渐释放流动性。

但是，连续六七年的经济下行导致总需求不足，缺乏好的投资项目，现在央行想放钱也放不出去。从最近两年的情况看，M1 增长速度远高于 M2 增长速度。M1 和 M2 增长速度过去都是相差一两个百分点，因为后者多定期存款一项。由于多年经济下行，企业看不到市场亮点，找不到好的投资项目，即使银行给了钱也投不出去，企业把钱放在银行活期存款账户上，或者干脆放在企业财务管理公司账上，这就表现为活期存款增长比较快、定期存款增长比较慢。实质上，我们已经陷入了流动性陷阱。

要说供给短板，也不乏其例。我国现在一年进口价值 2 000 多亿美元的芯片，进口价值 2 000 多亿美元的精细化工产品。由于我们的技术达不到，明明看到了这些短板，资金却投不进去。在这种情况下，就要有财政政策来配合，通过财政政策和发展政策的引导，由发改委选择一些需要重点突破的重大项目，在短板里找到好的投资项目（其中有些项目可采取政企合作的 PPP 模式），财政给予资本金的补助或贴息，引导银行贷款，才能逐步把经济活跃起来。发展政策、财政政策、货币政策三者之间必须紧密配合，才能打破目前的困局。

扩大直接融资是金融改革发展面临的重大历史任务

我国股票市场存在的时间不长，中间经历了两次大的波动，这两次大的波动挫伤了广大股民的信心，以致现在股市低迷。股票市场有三大功能：

1. 企业价格发现功能。只有通过股票市场才能发现各个企业的价值。

2. 资金配置功能。资本市场能引导资金的配置，把资金引导到那些发展潜力大的企业中去。

3. 利润（收入）分配功能。股票市场通过吸引广大股民的投资，使广大投资者能够分享企业的盈利。

要想让股票市场恢复正常功能，应该大力发展机构投资者，把散户投资、盲目投资、跟风投资转变为专家的理性投资、机构投资。中国应该出一大批巴菲特这样的投资家，这样才能把资金投到那些发展潜力巨大的企业中。当前，发展资本市场应采取以下改革措施：

第一，要把审批制改为备案制。现在的情况是：批准哪个公司上市，就意味着把发财的机会给了这个公司。所以，企业削尖脑袋要上市。这个过程中存在大量的利益输送，结果就是把负责审批的官员送到监狱里去了。所以，干脆将审批制改成备案制。

第二，要加强对股市的监管。多年来，我国股市出现很多违法违规案件，包括在股市上做庄、从事“老鼠仓”活动等，其中有不少案件是被香港监管部门发现的，这说明我们内地的监管还不够严格。

第三，要推进资产证券化。国有企业改革在 20 世纪 90 年代经历了第一次债转股，成立了四家金融资产管理公司，剥离了 2 万多亿元的债务，有的把银行不良资产给冲销了，有的转成股份了。从 20 世纪 90 年代到现在已经过去了 20 多年，这期间国有企业有了很大的发展，但国有企业基本是靠银行贷款发展起来的，资本金没有增加。20 多年不补充资本金，仅依靠借债来发展，必然导致债务率高。因此，必须抓紧建立企业补充资本金的机制，通过资产证券化来降低企业债务率。在这 20 多年内，不管是政府还是国有企业，都形成了一批优良资产，把这些优良资产拿出来、剥离出来，给它们增信（不是增值），就可以到资本市场挂牌出售，从而筹集到资本金。

20 世纪末的韩国曾经是债务率非常高的国家，债务总额排名世界第二，因为韩国主要是通过借债来发展的。韩国是怎么转变过来的呢？靠的就是资产证券化。现在正是搞资产证券化的好时机。

以高铁为例，高铁有很多优良资产，例如京沪高铁 2016 年盈利 60 多亿元，京广高铁也开始盈利了。如果把京沪高铁和京广高铁拿出来搞资产证券化，筹集几千亿元没问题，拿这些钱偿还到期的债务本息，企业就可以渡过难关了。

大连钢厂是一个效益优良的特殊钢厂，借助搬迁到郊区的机会进行了设备更新，借了银行一大笔钱。大连钢厂本来经营得很好，不料外部市场出现了变化，钢材价格下跌，还本付息出现了困难。没人伸出手来帮它搞资产证券化，大家眼睁睁地看着它破产，最后还是国务院帮它进行了重组。

资产证券化是降低债务率的一个根本途径，是历史性的任务。只能通过市场的办法，通过资产证券化的办法来解决这个问题。一般来说，企业债务率为百分之六七十是合理的，凡是债务率高于这个水平的，都应当帮助它们，动员它们把好资产拿出来搞证券化，以筹集资本金，使它们能够顺利通过还本付息的高峰期。

总之，扩大直接融资是中国金融界面临的重大历史性任务，需要学界和金融界共同努力来完成这个任务。

抑制房价上涨不能用收紧银根的办法

目前，一线城市房地产价格过高，房地产市场成为金融风险的聚集区之一。经济学界的主流观点认为，票子发得太多了，房价就高，主张通过收紧银根的方法抑制房价。笔者不赞成这种观点。房价过高的根本原因在于中国缺乏城乡一体化的房地产市场。北京的房价比纽约、华盛顿、洛杉矶、旧金山高三倍，而美国人的收入比我们高五六倍。笔者为了研究这个问题，到洛杉矶、旧金山、纽约郊区做过考察，弄明白了人家是城乡一体化的市场。

以硅谷为例，旧金山周围形成了 200 多个特色小镇。这些小镇是怎么形成的呢？因为硅谷核心区房价太高了，就在郊区新开辟一块地方，建立一个特色小镇，形成一个小城市。特色小镇的房价比市中心的低，环境比市中心的好，房子也比市中心的大。所以，特色小镇对城市中心的房价起到有效的抑制作用。这样不断地往外扩展，现代交通体系完全可以做到同城化，实现半小时的生活圈和一小时的商务圈。特别是高速公路非常发达，开车一小时，甚至半小时就可以到达上班地点；城市间的快速轨道交通可以为上下班提供快速、准时、大容量的通勤服务。

但中国不一样，城市和农村之间、省与市之间有明显的行政壁垒和政策壁垒，这导致中心城市房价畸高，周边地区房价很低。在从北京四环路往外半小时的车程内，房价从每平方米几万元降到几千元。在美国，新建的小区、小城市教育条件很好，因为这里集中着有钱人，有条件把教育搞好；同理，医疗条件等也都很不错。

在我国，供给端被行政壁垒和政策壁垒堵死了，这违反了市场经济的规律。笔者认为，抑制少数一线城市房价过高，根本出路在于建立城乡一体化的房地产市场。党的十八届三中全会指出，要发挥市场对资源配置的决定性作用，包括对土地资源配置的决定性作用和对房地产资源配置的决定性作用。党的十九大提出，建立健全城乡融合发展制度，实现城乡融合发展。这个融合应当包括城乡房地产市场的融合。

所以，应该用十八届三中全会决定的精神和十九大精神，来改变我国房地产制度，建立一套新的、适应市场经济要求的制度，同时应当把商品房和保障房结合起来。例如，现在有的地方推出了共享房。国家要考虑到困难户，让所有人都有房子住。

我想，通过这些办法解决房价过高的问题是完全有可能的。如果把希望寄托在收紧银根上，指望通过收紧银根来降低房价，可能即便把经济拖垮了，房价还照样往上涨。所以，不能用收紧银根的办法来抑制城市房价，而要采取增加供给、打破城乡二元结构、融合城乡房地产市场的办法。

促进乡村振兴必须激活农村土地资本

党的十九大提出了我国社会的主要矛盾已经转变为人民日前

增长的美好生活需要和不平衡不充分的发展之间的矛盾，提出了乡村振兴的战略目标，还提出了城乡融合的发展战略，三者从战略依据、战略目标到战略举措，形成了一个紧密联系的战略组合。

不平衡、不充分发展的问题，集中体现在城乡之间发展的不平衡和农村发展的不充分上。区域发展的不平衡，本质上也是城乡发展不平衡的一个反映。经济与社会发展的不平衡，集中表现为农村的公共服务远远落后于城市。生态环境与经济发展不平衡，主要体现在农村面源污染、食品质量安全和农村环境的脏乱差上。所以，城乡发展的差距是社会主要矛盾的集中体现。正是基于这一分析，党的十九大提出了乡村振兴战略。

要通过城乡融合来实现乡村振兴。改革开放以来，正是不断的改革推动了我国经济结构的转换，从而释放了经济增长的新动能。40 年来，我国经济结构经历了四次大的转换。

第一次结构转换是在 20 世纪 80 年代，通过农村改革实现了农业的迅速发展和乡镇企业的崛起，解决了商品短缺的问题，轻纺产品、食品供给满足了需要。

第二次结构转换是在 20 世纪 90 年代，通过建立社会主义市场经济体制和现代企业制度，振兴四大支柱产业（包括电子机械、石油化工、汽车制造和建筑业），把重化工业和建筑业搞上去了。

第三次结构转换是在进入新世纪的第一个十年，通过发行国债搞基础设施建设，仅用了十年时间，就把高铁网、高速公路网和通信网络搞到了世界第一，基础设施也搞上去了。

第四次结构转换是在进入新世纪的第二个十年，围绕转变经济发展方式，调整投资和消费的比例，使消费成为拉动经济增长最大的动力；在产业结构上，改变经济增长过度依赖第二产业的局面，大力转变发展第三产业，现在第三产业已成为经济的增长点；在要素结构的调整上，注重科技创新、改善管理和提高劳动者素质，取得了重大的进展。转变经济发展方式已经取得重大突破，但这个任务还要继续执行下去。

现在即将进入第五个十年，在国民经济结构里，轻纺工业、重化工业、房地产、基础设施都搞上去了，第三产业也搞上去了，还剩下什么经济结构上的重大问题呢？答案是二元结构导致城乡差距大，这是最后一块硬骨头。我们应按照十九大精神，集中力量，用十年甚至二十年的时间把最后一个结构上的问题解决好，实现乡村振兴，让农民的收入跟上城里人的收入，农业的劳动生产率跟上社会平均劳动生产率，农村建设得和城市一样漂亮。这样一来，从人均国内生产总值的角度来看，我国就可以进入高收入国家行列，经济总量就能超过美国，成为经济总量最大的国家。

我国有能力通过建立城乡融合新体制，把社会资金引导到乡村振兴上来，加快农业农村发展。过去许多人老是想着依靠财政政策，现在财政对三农的支出已经占到总预算的10%，财政每年拿出两万多亿元支持三农，可以说尽力了。乡村振兴的关键是要从金融上启动，最好的办法是农村土地资本化。《人民日报》曾连续发表长篇报道，介绍安徽金寨县、江西余江县、福建晋江市农村宅基地制度改革的经验。晋江市把宅基地资本化，通过资本化吸引城市资本，合资建设一些企业，一下子就吸引了大量城市资本下乡，为乡村振兴注入了活力。搞活土地资源，把农村沉睡的土地资本激活，是目前金融界面临的一项重大任务。国务院确定了 13 个农村宅基地制度改革试点县，现在已经过去了五年，试点非常成功，甚至可以说有奇效，应当抓紧推广，以尽早取得宏观效益。

金寨县通过宅基地整理和新农村建设，节约了两万多亩建设用地，从中拿出 1 万亩建设用地指标在全省建设用地市场拍卖，收入 50 亿元，平均每亩地售价 50 万元。县财政用这笔钱为农民建设新房，给让出宅基地的农民以价值补偿，做到留下的和离开的农民都很满意。以宅基地撬动城市资本下乡，何愁乡村振兴没钱？

据《人民日报》报道，江西余江县农村的房子中，倒塌的房子、危房、闲置房加在一起，相当于现有农村总户数的 52%，也就是说农村现在一半多的房子闲置，有的院子里的草长了一人多高。农村土地资源浪费太可惜了。

如果把农业现代化、新农村建设、农民工市民化和特色小镇建设结合起来，整体推进，同时把土地资源盘活，找到资金来源，中国农业农村现代化的进程就能大大加快。当前面临着第五次经济结构大调整的任务，即解决城乡二元结构的问题。我们要为第五次结构大调整找到改革的动力，找到资本的来源。

探索建立美元、欧元、人民币三足鼎立的国际货币体系

多年来美国产生贸易逆差的原因，主要在于储蓄率低和美元的国际储备货币地位。美国之所以能率先走出国际金融危机的影响，主要在于其施行了四次量化宽松政策，大量发行美元，向国外转嫁了危机。美国发行的美元67%在海外流通。未来要想保持国际金融体系稳定，需要建立一个美元、欧元、人民币三足鼎立的国际货币体系。哪一种货币大量超发，货币贬值，大家就抛售；哪一种货币升值，大家就争相购买。通过这样的机制来迫使国际储备货币发行国的政府对本国币值稳定负责，只有这样，才能在美元与黄金脱钩后保持国际金融的稳定。为此，人民币要加快国际化，逐步成为国际储备货币。人民币国际化会带来很大的红利，这个红利可以部分抵消美中贸易战的影响。到那个时候，我们拿张纸印个符号就可以进口铁矿石和石油，不用再拿我们的劳动密集型、资源密集型产品来交换。所以，我们要为人民币国际化这个红利期的到来创造条件。

（本文由郑新立于2018年10月11日在人大重阳系列讲座中的演讲整理而成。）

3.

美国对华战略与中国应对

时殷弘*

2018 年年初以来，中美贸易摩擦频繁，美国总统特朗普在战略与经贸两大领域对中国“大打出手”。中国需要新形态的“韬光养晦”与“有所作为”来应对美国，尽最大努力降低甚至杜绝这种世界经济二分的可能性，以保证中国的长远发展。中国要有大决心、大耐力。作为世界性大国，中国的一举一动都将对世界产生重大影响。

2018 年年初以来，中美贸易摩擦频繁，美国总统特朗普在战略与经贸两大领域对中国“大打出手”。加上美国副总统彭斯于 2018 年 10 月 4 号的讲话，美国近几年总体罗列了中国“五条罪状”：第一是经济侵略，尤其是对发达国家经济体。第二是军事扩张，所谓狭义的军事战略问题。第三，前国务卿蒂勒森 2017 年造

* 中国人民大学国际关系学院二级教授、美国研究中心主任。

了一个词，即“掠夺性”，这个词立即成为美国政府甚至社会舆论描述中国在发展中国家经济活动中的标准形容词；这次彭斯又提出一个词，即“中国的债务外交”。第四，特朗普从来不讲人权，从来不讲民主，但彭斯的讲话里有相当长一段话猛烈抨击所谓中国人权问题。第五，也是相对比较新的。特朗普曾经在推特上、在联合国安理会会议上预先讲过，为应对特朗普发动的美中贸易战，中国不得不比较集中地在特朗普的白人草根选民中，以农业为对象进行必要的贸易报复。彭斯讲话中指责中国最长的段落就是中国大规模地以秘密和公开的手段干预美国社会体制，干预美国社会舆论。总的来看，现在中美各类基本矛盾严重加剧。

对此，关于中美贸易对抗给中国的深刻启示以及我们应有的应对之策，以下来谈谈我的看法，与大家共同探讨。对中国而言，优化根本认识与根本战略至关重要。我认为当前最紧迫的问题在于，中国需要调整首要和次要问题的优先级。

关于中国经贸的六项认知

总的来看，有一些发达国家和发展中国家认为中国在对外经贸方面有六个问题，有些完全是捏造，有些是夸大，有些是误解。这六个问题如下：

第一，中国自由贸易顺差，也就是中国的许多贸易伙伴对华巨额贸易逆差问题。

第二，中国市场准入不宽，外资投资环境不佳。更具体地说，直到前不久，中国资本市场准入长期停滞，甚至局部有所收缩。

第三，关于中国国内以及对外经济合作的批评问题。中国有自己的国情，有自己的特色。同世界大部分国家相比，我国对国内外经济活动控制相对广泛、相对严格，但近些年来，控制范围愈益广泛，控制程度愈益加强。

第四，相对于外国在华企业和中国的民营企业，中国国有企业受到中国政府种种优待，包括大量补贴。

第五，贷款透明度问题，这涉及近来炒作得比较热的债务危机问题。

第六，中国对外直接投资往往或至少有时不能实质性地充分惠及当地的社会就业、经济发展和生态保护问题。

除此之外，当前特别紧迫的重要问题在于，中国政府提倡经济全球化，多年来在中国力所能及的范围内做了积极的努力。我们说世界经贸秩序或全球化对中国有利，相信对世界各国人民有利，但还需要改革，向有利于发展中国家的方向改革，如此全球经贸秩序才能公正、合理、可持续。但现在我们明白，这不是维护和改善全球化的首要问题，而只是次要问题，甚至连次要问题都算不上。

在首要的大问题上，中国的反应能力需加强，反应速度需提高

值得注意的是，在当下一些主要国家出现的逆全球化浪潮冲击下，发达国家相当一部分选民对全球化出现了抵制甚至是“愤怒”的态度。中国一直以来倡导的全球化在这种充斥着愤怒的环境下，实则难以为继。

中国所倡导的“共同富裕”观自邓小平时期提出以来，取得了比较可观的成果，中国人民的生活越来越好。但是纵观全球，“共同富裕”的观念尚未完全成为中国同世界各国打交道时的准则和基础。在经济全球化发展的几十年来，“共同富裕”应该成为发达国家与发展中国家之间的共同富裕，这才是顺应当下世界各国发展需求和发展形势的理念。

以前是发达国家和发展中国家没有共同富裕的问题，发达国家太富裕，发展中国家太不富裕。现在我们要看到这是中国与其余国家共同富裕的问题。其余国家是什么国家？200 多个国家（地区），除中国外的就是其余国家，既包括发达国家，也包括发展中国家。中国体量这么大，国家规模这么大，经济腾飞这么迅猛，国际上的影响增长这么急剧，我国的行为对国际社会的影响越来越大，我们要考虑与其余国家的共同富裕问题。

因此，中国在认识层面应该做出适度调整；在一些大问题上，

中国的反应能力需要加强，反应速度需要提高；中国要长期深化和拓展国内改革，需要进一步落实加强对外交流和互相理解的措施。

特朗普是“残忍”的战略家、精明的战术家

我最害怕看到这样的说法，说特朗普是个商人，言下之意是可以与他做交易，并且好像很容易就能做成交易。这种说法错了。特朗普是什么人？在对华关系上，特朗普是“残忍”的战略家、精明的战术家。之所以说他是战略家，是因为他在对华关系问题上从来不两线作战，更谈不上四面出击，他总是阶段性地集中在一场战役上。除了战略集中之外，战略主动权总是在他手上。至少他想发动什么战役就发动什么战役。他阶段性地发动战役，经过一段时间的休战后，又集中在他发动的另一场战役上。他的战略战术是采取空前程度的压力和威胁，间或给对方一个甜枣子吃，在每一场战役中都尽可能地榨出更大的利益。

同样，在中美经贸摩擦中，特朗普的战略战术是对中国同时施加空前程度的压力和威胁，从而尽可能地榨取最大利益。在对华经贸关系，甚至是战略阵线、政治意识形态阵线上，特朗普都采用了此种逻辑。

不管暂时的输赢情况如何，经过一段时间的针锋相对，中国必须适时在中美贸易上做一些让步，但前提是两国谈判必须是平

等的且体现相互尊重，而且在涉及中国主权和尊严的问题上，中国必须维护自己的核心利益。主要的让步是大幅增加中国对美进口和大幅度扩大美资准入。否则，这场战役结束不了或者争取不到一段较长时间的休战。我们需要一段较长时间的休战，准确地说是局部休战。大概只有双方轮番向对方出口的商品征收高额关税，才可能暂停这场战役。从过去的情况来看，特朗普总是推行较短时间的休战。在经过一轮又一轮的中美贸易战之后，我认为，中国需要适时在中美贸易上做出调整，争取贸易战的局部休战，为优化经济、金融技术格局争取有利环境。

中国需要针对贸易战既“治标”又“治本”的对策

“治标”层面，我个人认为需要一种综合性的对策。针对美国的高压和不讲道理的关税政策，我们既要有坚决有力的贸易报复及贸易报复威胁，也要有谈判妥协的意愿。近几个月，政府的立场很清楚：中国是愿意谈判的，前提是美国必须平等对待中国，并且讲诚信、守信用。愿意谈判不能代表最后的谈判结果，谈判立场、谈判战略是另外一回事。

“治本”层面，我认为首先要有对“治本”性质的深刻认识，以此来进一步坚定我们的决心。2018 年 4 月 10 日，在博鳌亚洲论坛开幕式上，习近平主席做意义重大的主旨演讲，用比过去更明确、更具体的语言宣告中国政府在治本意义上决定采取的一系列重大决策，包括：大幅度放宽市场准入，创造更有吸引力的投资环境，加强知识产权保护，主动扩大进口。现在全世界和中国人民都在看执行得如何，以及执行多长时间。中国确实需要做适当调整，并且这种调整必须是真正能得到贯彻的，这是维护经济全球化所必不可少的基础。

当前国际国内局势显示，中国要通过大力度和持久的结构全面深化改革，争取实质性地大开发。无论是在国内市场还是在国内资源方面，中国的潜能依然巨大。同时，应相应地降低中国对外部市场、外部资源和外部技术的依赖程度，进一步培养我国的技术独立性和创新性。总体来看，中国要通过长周期的调结构来全面深化改革，争取实质性的更深维度的开放。

中国需要新形态的“韬光养晦”与“有所作为”

回顾过去的五六年，中国在对外关系上取得了前所未有的成就。从 2016 年 9 月份杭州峰会召开开始，特别是从 2017 年年初开始，到 2018 年 3 月金正恩访问北京，中国实现了十多年来没有实现的事情。从小布什第二届政府开始，我们周边的困难越来越多，吵架的邻居越来越多。在仅仅一年多的时间里，我国与周边国家的外交关系全面显著改善。这非常好。我们的外交是以协调、和解、共商或争取尽可能多的朋友和中立者为主题的外交。这种外交必将继续受到高度重视并得到优化，我国与邻国关系的全方位改善必将持续下去。

中国今后应实行新形态的“韬光养晦”和“有所作为”，即用未来五六年时间实行适度战略收缩和贸易政策调整，使得世界主要国家回到对中国深层误解与敌视之前的相对松垮的状态，进而谋求新的进取。

2018 年年初以来，加剧变更的世界政治经济开始隐约透露出一种危险的“两分”（dichotomy）的可能性。一方面，美国政府经过双边谈判，显著缓解了与其他发达经济体的经贸矛盾，与其他经济体结成紧密伙伴，进而可能与它们分别达成自由贸易或准自由贸易安排。而且美国迟早要在事实上或名义上废弃 WTO 体制。现在回过头来看，WTO 体制最大的好处是它具有全球性，尽管它管不了现在的服务贸易和劳工条件。当全球性体制被事实上或名义上废弃以后，全球贸易总是要有规则体系的，美国有可能谋求与其他发达经济体及其紧密伙伴构建一个新的经贸规则体系，但这个新的经贸规则体系很可能不具全球性，大致只涵盖发达世界及其紧密伙伴。

另一方面，中美之间各类基本矛盾严重加剧，而且美国政府可能实行美加墨谈判中的否定性条款，即其中一国与非市场经济国家谈自由贸易协定，另外两国可以否决。而中国在美国看来属于非市场经济国家。如果美国政府实行上述“集团经贸”方针，有可能迫使中国的选择越来越少。中国未来只能越来越依靠与中国友好的发展中国家——特别是“一带一路”沿线合作国家——来开展主要的对外经贸活动。

中国必须尽最大努力降低甚至杜绝这种世界经济二分的可能性，以求保证中国的长远发展前景。中国要有大决心、大耐力，作为世界性大国，中国的一举一动都将对世界产生重大影响。

（本文由时殷弘教授于 2018 年 11 月 12 日在人大重阳系列讲座中的演讲整理而成。）

4.

面对技术战，中国只有脚踏实地，才能应对西方“卡脖子”

陈跃国*

国产化过程是很艰辛的，国产替代是一个漫长的过程，因为产品质量、稳定性等需要长期打磨，国产产品与国际代表性产品还有较大的差距。西方的技术遏制，短时间是坏事，但从长远来看，对我国的独立自主技术发展是有利的。如果进一步完善国内竞争机制，把握好自主研发的保护、竞争和淘汰机制，迈向国际一流只是时间问题。

本文主要分析了我国在工业领域被“卡脖子”的问题，主要有六方面。

* 中国人民大学信息学院教授。

去 IOE 化问题

IOE 是指 IBM、Oracle、EMC 三家公司。IBM 主要提供服务器和小型机，Oracle 主要提供数据库和数据管理服务，EMC 主要提供存储方面的解决方案。这三家公司在金融领域有非常大的市场份额。银行过去主要使用这三家公司的产品和服务，因为它们的可靠性非常高，其产品和服务的市场占有率非常高。中国的金融业付给这三家公司的相关费用是非常高的。当然，这不仅仅是钱的问题，更涉及国家核心信息的安全问题。因此，我国去 IOE 化是国家信息化发展中无法回避的问题，我国需要研发自主可控的替代品。

但是，国产化过程是很艰辛的。比如我从事的数据库行业，中国人民大学在国内数据库行业算最早一批致力于国产化的单位之一，人大金仓数据库公司目前在国产数据库领域名列前茅。但国产替代是一个漫长的过程，因为产品质量、稳定性等需要长期打磨，国产产品与国际代表性产品还有较大的差距。最近几年，一些有互联网背景的国产数据库公司发展迅速，值得关注。

芯片问题

另外一个领域是芯片制造。从中兴事件可以看出，中国芯片制造领域对国外的依赖非常严重，尤其是重要的CPU、GPU核心硬件。以光刻机为例，光刻机是制造芯片的专门精密设备，需要在相对封闭的环境下完成高精密的芯片生产制造。我国使用的光刻机依赖进口，我国很难独立制造该高精度设备，即使制造出来，质量也很难达到要求。这是现在非常严峻的“卡脖子”的事儿。我国芯片的档次之所以上不去，很重要的一个原因就是制造芯片的仪器设备达不到要求。另外，从行业背景看，互联网、软件对人才的吸引力更强，而仪器设备的研发投入等方面未引起重视，人才流失非常严重，导致我国很难突破核心关键技术，缺乏制造工艺方面的底蕴，这也成为“卡脖子”的事。这是硬件层面的问题。

系统软件差距

在软件层面，系统软件，如国产操作系统、数据库、大数据软件、工业软件等，与国外先进系统软件存在较大差距；工业软件领域面临人才短缺、缺乏积累等问题。在大数据时代，开源软件越来越多，这对我们来说有好处，因为可以有更多的参考对象。但大数据系统软件研发，如Hadoop、Spark等比较流行的软件是由美国主导（研发）的，我国相关自主研发非常少。我国有很多企业意识到了这个问题。阿里巴巴、华为等公司投入很大精力从事开源软件、自主软件的开发，有了一定的进步，但人才培养和科研实力差距还是非常大。

人工智能快速发展背后的隐忧

人工智能这些年进步非常快。最近三五年，国内的人工智能非常火，无人车、语音识别、图像识别技术进步非常快。在国际上的人脸识别领域有个国际人脸识别比赛，前五名都被我国公司包揽。当前在一些人工智能算法方面中国已然领先，精度比其他国家要高。

目前，算法工程师是国内最火的职业之一，人工智能在软件领域的关键就是算法。例如，现在机器学习非常火，导致大批学生在这个领域扎堆，忽略了基础软件研发；他们认为学算法最好找工作。据了解，中国人民大学近年毕业的人工智能和算法相关专业的硕士生大多年薪能达到40万元左右，相关专业优秀博士生年薪能达到80万元。相对而言，算法比较容易上手，学生只需要花几万元到培训机构那里学学，再练练编程就可以了；并且开放的课程很多，学生也有渠道去学。而学习系统软件相关专业或从事相关工作的人很少。例如，TensorFlow是一个系统化的深度学习软件，但它不是我们自己研发的，而是Google这样的国外大公司和核心科研团队研发的。Google将它做成开源软件后，该技术已经落后了三五年甚至更长时间——Google不可能把最新最强的技术直接公布出来。这就是我国人工智能研发背后的隐忧，即基础性独立研发不足。

大数据战略资源争夺难以避免

为什么中国的大数据、人工智能发展这么快？其关键原因之一是数据资源问题。大数据、人工智能对大型互联网公司很重要；对高校而言，缺乏大数据，就很难开展人工智能相关研究。美国的隐私保护理念、政策和法规的约束，造成美国高校研究人员缺乏获取大数据的途径，导致他们在进行技术突破创新研究的时候相对保守。这显示出大数据战略资源的重要性。有些媒体把大数据比喻为新石油，以说明它的重要性。全球未来围绕数据资源的争夺在所难免。

清醒认识我国在大数据、人工智能方面的优势和劣势

我们国家在大数据、人工智能产品研发上发展迅速，在应用领域推进得很快，西方国家必然会感觉到很大的威胁，尤其是我国经济规模这么大，美国肯定会想办法遏制我国。美国通过什么途径遏制我国？就是“卡脖子”。我们最典型的弱项是工业领域最核心的东西，如飞机的发动机，前文提到的光刻机、系统软件也都是我们的薄弱环节，就很容易被别人卡住“脖子”。

智能制造、大数据都是做“卡脖子”工程，不是完善某种产品，而是从无到有地将其制造出来，是从零到一。假如，Oracle不再给我国提供产品和服务，国内数据库厂商的机会就来了。西

方的技术遏制，短时间是坏事，但从长远看的话，对我国的独立自主技术发展是有利的，如果进一步完善国内竞争机制，把握好自主研发的保护、竞争和淘汰机制，迈向国际一流只是时间问题。

最近五六年，我国大数据、人工智能发展非常快，有可能超过美国。当前，我国对全球各国人才很有吸引力，很多高端人才回国。为什么在中国做大数据、人工智能有优势呢？因为我们数据资源丰富，用户多，场景极为多样。这是我国未来面向大数据与人工智能发展的核心竞争力。

我国的劣势主要体现在一些系统基础性之处，如基础系统软件等。“卡脖子”的地方不仅仅需要应用产品，还需要基础性的东西，需要体制，需要底蕴，只有方方面面都提高上去，才能实现突破。眼下互联网发展迅猛，人工智能吸引了很多优秀的人才；而基础性研发市场竞争力较弱，学生们不愿意做系统，不愿意从事底层代码开发和基础系统建设，而总是希望做算法，期望获得更高的薪水。这需要市场花一定的时间来调整。因此，基础系统软件人才流失问题要引起重视。另外，知识产权的保护也要进一步加强。只有更好地保护产权，才能保障创新的回报。总的来说，只有脚踏实地，夯实基础，才是我国应对西方技术遏制的可靠途径。

（本文由陈跃国教授于2018年11月23日在人大重阳系列讲座中的演讲整理而成。）

5.

中美贸易摩擦的本质和根源

何伟文*

2018年7月6日爆发了史上金额最大的贸易战。在贸易战爆发前几个月，特朗普看似出尔反尔，实则从来没变。打和谈，都只是手段，其最终目的是实行“美国第一”(America First)的政策。打贸易战是既定的，谈判也是桌边的贸易战。本文透彻剖析了贸易战的根源，澄清了常见的四大认识误区，从多方面提出了对策建议。

2018年7月6日，美国在加税之前可能曾设想：在最后一刻，中美两国元首通个电话，暂时叫停。可事实并非如此，美方最终发动贸易战，我国第一时间启动了反制机制，至此贸易战拉开了序幕。

---

* 中国驻旧金山、纽约总领馆前经济商务参赞，中国人民大学重阳金融研究院高级研究员。

2018 年 6 月 15 日，特朗普政府正式批准了对中国 1 102 种、价值 500 亿美元的对美出口产品征收 25% 的关税，分两组加征。第一组，对 818 种、价值 340 亿美元的产品征税，7 月 6 日开始实施；第二组，对价值 160 亿美元的产品征税的时间待定。我们不能因为目前只加征一组关税而掉以轻心，对价值 160 亿美元的产品的征税很快会到来。美方发布加征一组关税的消息的同时，中国商务部随即宣布以同等力度的行动来回击美国。

6 月 18 日，特朗普再次发表声明，对中国价值 2 000 亿美元的产品加征关税，而且可能对另外价值 2 000 亿美元（共计 4 000 亿美元）的中国商品继续加征关税。我认为这显然是不切实际的。

关于此次贸易战，本文主要探讨以下四个方面。

回顾、前景和影响估计
（发生了什么？还会发生什么？）

简要回顾：特朗普没有出尔反尔

由于特朗普政府对 2018 年 5 月 18 日中美达成的共识的背离，大家认为特朗普出尔反尔。但我一直认为，特朗普坚持打贸易战的核心观点从未改变。5 月 18 日的中美联合声明里没有提到不打贸易战，也未曾提及不加征关税，加征关税只是推迟而并未结束。从 3 月 22 日起，可以分为“打——谈——又打——又谈——再打”这五个小阶段。

第一个小阶段：3月22日，特朗普签署总统令，授权美国贸易代表署宣布对我国价值500亿美元的产品加征25%的关税。中国立即发布反制声明。这是打。

第二个小阶段：5月3日—18日，中美开展两轮磋商并在许多问题上达成共识。这是谈，但从美方提出的要价清单看，与打没有什么区别。

第三个小阶段：5月29日，白宫发表声明，称6月15日将公布对中国价值500亿美元的产品征收关税的清单，并很快实施加征关税；并称6月30日起将对中国采取其他投资和产品限制措施。这是又打。

第四个小阶段：6月2日—3日，罗斯率团来华进行贸易谈判。这是又谈。

第五个小阶段：6月15日，白宫正式宣布自7月6日起对中国产品征收关税，第一组是价值340亿美元的产品，7月6日华盛顿时间0：01开始实施；第二组是价值160亿美元的产品稍后实施。中方对美价值340亿美元的产品同时执行反制关税。这是再打。

打和谈都只是手段，其最终目的是实行"美国第一"（America First）的政策。美国希望中国按照美国的利益和美国的规则做出让步，取消对"中国制造2025"的国家产业的政策和补贴，大幅减少对美国的顺差，保护美国的技术优势。中国的经贸要按美国的规则走，而不是按WTO走，这就是美国的目的，而打和谈只是达到其目的的手段。例如，韩国为避免美国向其征收 25%的钢铝关税，同意美方修改韩美自贸协议，加大对美卡车进口及降低关税。由此看出，打是用以实施美国贸易政策的一种手段。就像战争是政治的延续，谈判则是桌边的贸易战，二者并无本质区别。回顾历史可以看到，特朗普变的是策略，不变的是本质。马克思曾说过，物质的力量只能用物质力量来摧毁。所以，中国应该坚决反制美国关税，以同等力度回击美国，光靠动嘴皮子和发善心是没办法解决问题的。

前景估计：特朗普政府下一步会干什么？

特朗普未来有两个原则是不会改变的：一是抛弃 WTO 多边谈判关税的原则，实行美方单方面加征关税；二是从战略高度限制“中国制造 2025”的国家产业的政策和补贴。特朗普有两个特点：一是在继续对我国出口美国的产品加征关税的同时，对中国进行关键领域和投资方面的限制；二是联合其他国家，对中国技术转让及产业政策联合发难。

特朗普政府下一步有两个可能的行动：一是加征关税，二是对中国高科技领域的更多限制。

特朗普政府下一步有两项可能的策略：一是还要谈，美方届时可能发出谈判信号，中国应与其开展进一步谈判；二是关税措施升级。对中国来讲，打和谈同样仍只是手段而不是目的。我国的目标有两个：一是维护世贸组织和世贸规则的权威地位；二是维护中国发展的权利。这是两条红线，是不可逾越的。

该形势未来可能有三种前景：一是开始谈判，迅速达成共识；二是贸易战全面爆发，美国对我国加征关税的产品价值可能达到数千亿美元，贸易战范围牵涉多个国家和地区；三是打打谈谈，经过艰难的谈判最后达成共识。第一种的可能性是最小的，现在也被证明是不现实的。第二种的可能性略小，但应未雨绸缪，做好备案。第三种的可能性是最大的，其原因有三：首先，中美两国分歧及其利益相差太大，达成的协议不会是那么稳固的。其次，美方过于高估其在贸易战中的胜算。最后，大约一年后，美国会发现贸易战对改变中国的态度及现状影响甚小，贸易战的负面效应将会在美国国内凸显，届时美国可能寻求转变及某种妥协。

要预测加征关税的影响，首先要比较中美两国的产品。2017年，中国对美国出口的十大类产品中，占比最大的为计算机及电子商品，价值接近2 000亿美元，再加上运输设备、化工，总价值超过3 000亿美元。商务部公布，此次价值340亿美元的被加征关税的产品中59%是由美国公司生产的。这体现了特朗普政府对这次贸易战准备得很仓促。

不要把美方提出的美国企业可申请关税豁免当作美国开始服软，认为是美国的新动态，其实这是错误的判断。这一举动只是根据美国贸易代表办公室（USTR）的规则来处理，并不是美国对贸易战的态度发生转变的标志。从产品类别来看，汽车是受到最直接影响的产品，中国对从美国进口的汽车加征25%的关税，将使得美国进口汽车数量减少，这对欧洲及日本的汽车制造商是个利好消息。

中美双方对两国的经济损失有着不同的预估。根据中国海关的统计数据，2018 年一季度，中国大陆对美国的贸易顺差大概等同于中国对日本、韩国，以及中国台湾地区的贸易逆差的总和。这表明了产业链上产品的流向，实际上，产业链的主体在亚洲，美国在微笑曲线的两头，所以这些国家和地区都会受到影响。

WTO 对世界贸易做了比较乐观的估计。从 2017 年开始，世界贸易强劲反弹，2018 年和 2019 年世界贸易增长率都会超过4%。但是如果美中贸易战打到这种程度，而且继续打下去，WTO 肯定要下调预期了。摩根士丹利最近估计，如果贸易战扩大，中美两国的国内生产总值增长率比不打贸易战要低 3 个百分点；欧盟的增长率降得更多，可能达 4 个百分点；加拿大、韩国等国家可能降低 10 个百分点，因为它们的依赖性更高。所以有这样的说法："世界正处于柏林墙倒塌以来最危急的状态。"听到这些话要注意，但是不要盲目地跟着喊。我们要进行科学、冷静的研究，但也要注意千万不要低估此次贸易战的严重程度。

中美贸易摩擦与贸易战的本质和根源

中美贸易摩擦与贸易战的本质

中美贸易摩擦与贸易战的本质有两个关键点：第一，世贸规则是否还有用？多边体制能不能维持？如果多边体制没有了，世界回到第二次世界大战前的状态，如20世纪30年代的时候，会怎么样？第二，中国有没有权利发展新兴和高技术产业，有没有权利执行“中国制造2025”这一关乎中华民族伟大复兴的重要战略，这是根本问题。简言之，一是有关多边规则，二是有关中国的发展权，这些才是问题的本质。

关于第一个关键点，原则是：世贸规则不能变。为什么美国这么做是不行的？世贸规则的争端解决机制的第22、23条备忘录里规定：禁止任何一个成员实施单方面的限制或者关税。20年前，WTO判定美方对欧洲采取301调查是违规的，并且授权欧洲采取20亿欧元的报复措施，最后美国放弃301调查并承诺遵守世贸组织规则。后来，美国逐渐认识到关税是一个筹码。如果中国像韩国一样“明哲保身”，那将对世贸规则的权威性造成挑战。第二次世界大战后经历几代人的努力建立起的多边贸易体制正遭受特朗普政府单边主义和保护主义的严重冲击。1929—1933年，美国对欧洲实施高关税政策以保护美国国内制造业及就业率，而欧洲国家随即对美国采取关税反制措施，这一关税反制措施导致美国出口率下降69%，进口率下降66%，世界贸易下降66%。美国就业率不升反降，对世界经济造成严重影响。1944年，“三大支柱”成立，重新确立了多边规则，才有了战后几十年的全球经济增长。

关于第二个关键点，原则是：中国发展权利和正当权利不容侵犯。对比美国 301 调查和 340 亿美元关税里的产品清单可以发现，此次加征关税的很多中国高科技产品在 301 调查里是没有的。301 调查其实是个幌子，美国真正的意图是瞄准“中国制造 2025”，遏制中国在这一领域的发展。“中国制造 2025”属于中国内政，美国无权干涉。大家都应遵照共同的世贸规则，而不是美国的标准。但是目前的情况清楚表明：特朗普已经把世贸规则丢在一边，他不允许“中国制造 2025”对美国构成威胁。

特朗普挑起中美贸易摩擦的深层次根源

特朗普挑起中美贸易摩擦的深层次根源有以下几点：

1. 国内政治根源。中选临近，特朗普必须对选民有突出回馈。2016 年大选时，特朗普向选民做了七个承诺，如在贸易上制止所谓的中国违反规则的行为，大幅度减少对中国的贸易逆差，等等。随着中选临近，特朗普必须就先前的承诺给予选民回馈，并利用民粹主义来抓住八九月份的选举关键期。从这个层面来说，美国的贸易政策是被国内政治所绑架的。中美贸易逆差在经济上不是问题，而在政治上是个问题。特朗普攻击中国对美国形成的顺差及其造成美国人失业，将最大的靶子设定为中国，就是因为这是选举需要。

2. 战略根源。美国将中国定位为战略对手。2017 年 12 月份，美国发布的国家安全战略报告的一个特点是将中俄定位为战略对手。既然在战略上将中国设定为对手，美国自然要遏制中国的发展。当年美国同意中国加入世贸组织的原因是希望中国能逐渐走向西方式的发展模式，而中国坚持走自己的发展道路，所以美国对中国的敌意在急剧增长。2018 年贸易政策议程表明美国贸易政策建立在五大基础上，第一个就是国家安全，而国家安全的重点是将中国定义为战略对手。贸易的支柱是国家战略，既然国家战略认定中国为对手，那么特朗普的贸易政策免不了针对中国。

3. 历史根源。这是指 20 世纪 80 年代的过时经验。特朗普说"Prisoner of the 1980′s"，80 年代怎么想？特朗普早在 80 年代就表达了其贸易保护主义的倾向。但是，今天的世界和 80 年代是完全不一样的，特朗普还用其老旧的观念来应对今天的世界是行不通的。在 WTO 成立之前，美国经常对威胁到其产业优势的国家构筑关税壁垒；WTO 成立以后，美国停止了这种行为。美国贸易代表莱特希泽之前表示美国放弃了保护其产业的有效措施。如今这两人当政，发起贸易战也就不奇怪了。

4. 理论根源。过时的 19 世纪重商主义认为，贸易逆差造成失业，造成贫富差距。特朗普到处宣讲这一理论。这实际上是伪理论，我们必须纠正这种错误的观点。贸易逆差导致失业、贫富差距，完全是站不住脚的。美国大部分贸易逆差源于 20 世纪 90 年代。1990—2000 年，美国全球商品贸易逆差翻了两番，从 1 110 亿美元增至 4 524 亿美元，其中与中国的贸易逆差所占比重很小。但那十年是美国工业生产高涨时期。1992—2000 年，美国工业生产年均增长 5.4%，制造业就业人数基本稳定。认为美国的贸易逆差完全是中国造成的是不正确的。

美国劳工部统计数据显示，2011—2016 年，美国全球贸易逆差累计增加 1.4%，制造业就业人数增加 7.5%。2017 年，美国全球贸易逆差增加 594.78 亿美元，制造业就业人数不但没有减少，反而增加了 23.2 万人。有趣的是，在美国全球贸易逆差较大的六大部门（计算机及电子、运输设备、油气、服装、电气设备与电器、机械）中，只有一个部门即服装部门的逆差是减少的（减少 3.55 亿美元），但这个部门的就业人数减少 6 200 人；其他五个部门逆差都是增加的，就业人数也是增加的。所以逆差造成失业完全没有证据。反过来，2009 年美国全球贸易逆差大幅度减少了3 051.81 亿美元，制造业的就业人数非但没上升，反而大幅度减少了 138 万人。由此可知，就业人数减少的原因不是贸易逆差，而是经济衰退。

美国中产阶级收入下降也不是贸易逆差造成的。美国经济分析局的统计数据表明，2000—2016 年，美国人均实际可支配收入增长了 23%。但那是平均的情况，实际上大多数人的收入没有增长。钱到哪里去了呢？调查显示，美国在 2009—2013 年间，1%的人占有 80%的财富。而美国没有实行有效的社会政策以救济穷人，这是金融资本的贪婪和社会政策不到位所致，和贸易逆差没关系——2013 年美国贸易逆差低于 2008 年水平。

5. 政策纲领与根源。“致命中国”和“中国经济侵略”是纳瓦罗的主张，是其政策纲领的根源。我们需要足够冷静，需要拥有足够的定力去驳倒它。

不正确或可商榷的观点

在此列举几项不正确或可商榷的观点。

第一，替特朗普说话。现在有一种站在特朗普方面的观点，即认为中国强制实行技术转让，违反了世贸组织规定。这种说法站不住脚。2017 年美中贸易全国委员会对其会员的商业环境做的调查显示，只有 19%的企业反映受到技术转让的要求，而其中2/3 的要求是来自企业自身而非中国政府。如果确实有政府强制实行技术转让的事例，完全可以放在 WTO 争端解决机制下解决，因为 WTO 有成熟的规定。这最多只是局部争端，而不是美方所说的全面争端。美国确实因为所谓的中国强制实行技术转让而把中国告上了 WTO。等 WTO 裁决后，事实自然清楚。

究竟是谁在违反 WTO 规则？美国是违反 WTO 规则最多的国家。截至 2018 年 7 月 9 日，在 WTO 争端解决机制下立案调查的共有 556 件，其中美国作为被告的有 147 件，占 1/4；欧盟作为被告的有 84 件；中国作为被告的有 41 件。中国连美国的零头都不到。2018 年以来，WTO 新立案 21 件，其中美国作为被告的案件有 14 件，占 2/3。所以，不遵守规则的是美国。

美国口口声声说它加入 WTO 吃亏了，中国占了大便宜。其实，美国并不是 WTO 的输家，2002—2017 年，即从中国加入 WTO 的第二年到 2017 年，美国无论对加拿大、墨西哥，还是对中国，出口累计增速都超过其进口累计增速。美国是输家的理论是站不住脚的。

第二，空洞乐观。这种观点认为中国把特朗普家族搞定就可以改变其对华态度。2017 年 2 500 亿美元的大单给特朗普的甜头还少吗？然而他第二天就在越南大肆说中国的坏话，而且我们给美国的这些好处，都没有影响美国贸易代表署出台对中国有步骤的贸易打压和发动贸易战的时间表。认为中美无论如何都会合作是一种空洞的乐观，是不现实的。

第三，顺着特朗普的论调走，从美国“买买买”，大肆增加对美的进口。2017 年 2 500 亿美元的大单中，从美国进口的就有 1 010亿美元，比这次俄罗斯谈的 700 亿美元还多，管用吗？不管用。一味从美国大量进口不是解决问题的根本办法。我们还要考虑国家粮食安全，考虑“一带一路”的天然气进口布局。

第四，鼓吹中美应该大打贸易战，甚至是“史诗级”的贸易战。这是不负责任的。有人认为，中美贸易战越大，对美国越不利，而对中国越有利，这是完全没有科学根据的。习总书记在党的十九大上提出要实行“两步走”战略计划，以实现中华民族伟大复兴，但从未提过要通过打贸易战实现这一目标。很多文章建议扩大贸易战，这是非常不负责任的。

对策建议

据目前趋势判断，贸易战已经爆发，但未来还有达成协议的可能，只不过可能要在较长时间之后。总方针是，打和谈，两手都要抓，都要抓得硬。总方略是，战略上藐视它。近年全球产业链形成，中美贸易实现互补，经济政策最终只是上层建筑，而改变不了底层的经济基础，战胜不了经济规律。诺贝尔奖得主萨缪尔森讲过，“任何伟大的王者都无法改变大海中的洋流”。但战术上要重视它，应该精心运作，做好中期准备，不能光看最近几个月，准备得越充分越好。总原则是，人不犯我，我不犯人，但是要有理有利有节，而不是乱打一气。总策略是，既斗争又合作，不要忘记合作的一面，以斗争求合作则合作存，以退让求合作则合作亡，以斗争维护合作，以合作支持斗争。不要忘记，我们对美国越坚决，将来可能合作得越好。不要一味退让，不能跟着美国的策略走。

第一，斗争要硬，丢掉幻想，丢掉平衡。不要跟特朗普政府讲贸易平衡，那是没用的。我们现在可以考虑停掉一些重大的投资项目，包括 2017 年价值 2 500 亿美元的投资项目中一个价值 830 亿美元、占比 1/3 的项目，即神华和西弗吉尼亚州政府的煤化页岩气项目。这个项目是当地的能源供气系统，可以考虑把它拿掉。

第二，谈判也要硬。谈判的前提是以世贸组织的规则为标准，无论如何绝对不能以 301 调查为谈判前提，否则我们就是在变相地承认世贸组织的规则没有用。

第三，要依靠多边机制。即便双边谈判，基础也必须是世贸组织的规则。美国提出清单，我也提出清单。不能像过去老师和学生的关系。你若做不到我的清单要求的，我照样不放过你。谈判的对手主要是莱特希泽，不是姆努钦。美国的法律规定，财政部长无权制定贸易政策，最后是莱特希泽说了算。

第四，善用同盟军。笔者兼任全球中小企业联盟副主席，该联盟 2018 年 5 月与安徽省政府、联合国工发组织及对外友协联合主办了世界制造业大会。该大会吸引了全球 500 强的 109 位代表参会。美国的惠而浦宣布全球研发中心落地合肥。德国大众宣布大众江淮新能源车下线，有“工业设计奥斯卡”之称的德国红点博物馆宣布将在合肥设立分部。这些跨国公司对中国是否有意见？有意见。其中美国或欧洲的有些跨国公司觉得在中国没有获得公平待遇。但它们仍然积极推动在华投资。与全球中小企业联盟合作的上海美国商会反映，其 62％的会员计划扩大在华投资；2017 年这一数字为 53％。美国国内反对特朗普单边关税的贸易组织、协会，特别是零售商协会、半导体协会、美国商会、美中贸委会、中国美国商会等均不喜欢打贸易战。实际上，贸易战的受害者是它们。另外，很多跨国公司明确表示不赞成加征关税，支持通过谈判来解决。由此可知，尽管很多美国跨国公司不像当初那样支持中国，但依然是我国的同盟军。

第五，改变以自我为中心的宣传方式。我国媒体对美国商界和民众反对特朗普关税措施的报道和评论相当片面。据美中贸委会反映，美国商界和特朗普政府在是否对华采取行动上并无分歧，分歧在于关税措施是否有效。据美英媒体报道和美国多家民调机构调查，美国大多数人赞同特朗普对华采取措施。《华盛顿审查者报》4 月 9 日民调显示，62%的被调查者赞同对华加征关税，56%的人认为加征关税有负面影响。美国强大的零售商联盟表示，它们并不反对特朗普政府对抗中国贸易行为的宗旨，只是反对加征关税可能造成的负面效应。换言之，美国的主流舆论是，反对特朗普的加征关税措施，但赞成特朗普对华贸易行动的宗旨。

在美国，话语权在特朗普手里。中方选择减少从美国进口大豆作为反制措施。特朗普的宣传是，中国不但不肯纠正错误，反而采取伤害美国农民的措施，而他将给农民提供补贴。因此，美国农民肯定不会站在中国这一边。我们需要改变以自我为中心的宣传方式，通过美国和西方其他国家的主流媒体，用实实在在的例子说明中美贸易本来并没有影响美国老百姓，是特朗普无理挑事；说明中方是被迫采取反制措施，只要特朗普取消关税，中方自然也取消关税。同时，宣传中国正在扩大开放将给美国商界和民众带来哪些好处。驻美经商处人员和中资企业人员要走出去，与尽可能多的美国人交朋友，和他们交流。

第六，眼睛向下，走向草根，抓好合作。两国经济互补性的客观规律决定，如果我们面向地方、面向州、面向草根，就有无限广阔的前途。我国可面向美国广大州、县、市的广大企业，一如既往地推进贸易、投资合作。加州 2017 年对华贸易达到1 750 亿美元。加州州长布朗 2018 年 5 月 3 日斥责特朗普打贸易战“愚蠢”，并声称加州不受华盛顿左右。2017年，尽管中美贸易经历了多种不确定性，但是双边贸易额还是达到了历史最高水平。2018年双边贸易额比2017年同比增长8.5%。中美建交40年来，政治、经贸摩擦始终未断，双边贸易额却增长了240倍，为人类文明史上所仅见。所以，我们要有充分的信心。在斗争中不要忘记合作，在合作中要充分估计斗争的危险。

第七，研究更具战略性、前瞻性的问题。光看现在是不够的，要看得更远。希望我们可以对美中贸易战考虑得更多、更远，为确保中美两个经济大国之间稳定的贸易合作经济关系的平稳发展、为造福于中华民族的伟大未来、为中华民族的伟大复兴而共同努力！

（本文由何伟文于2018年7月10日在人大重阳系列讲座中的演讲整理而成。）

6.

贸易战、危机传染与中国的战略选择

保建云*

贸易是人类最古老的发明之一。自从原始社会末期以来，人类有了剩余产品，有了分工，开始进行交易，贸易一直伴随着人类的文明进程，随着人类文明进步的发展而演化。所以，贸易的发展形态、交易方式甚至交易冲突都代表人类进步的某种特征。但贸易和战争是有关系的，有的贸易刺激战争爆发，也有一些战争带动贸易发展。

贸易战为什么会发生？当下的贸易战发生的原因是什么？打贸易战，谁会赢、谁会输？贸易战发生以后，对全球化的世界来说，对世界人民而言，全球的贸易、产业、金融、全球治理会受到什么样的影响？

---

* 中国人民大学国际关系学院教授、世界经济专业博士生导师、国际政治经济学研究中心主任。

贸易战为何发生？谁会赢得贸易战？

笔者想解释两个问题：为什么会发生贸易战？谁会赢得贸易战，是不是谁发动了贸易战，谁就必然赢了？我从经济学角度做个梳理。

2018 年 6 月 15 日，美国公布将于 7 月 6 日开始针对从中国进口的 1 100 多种共价值 500 亿美元的产品征收 25%的关税。6 月 16 日，中国公布将于 7 月 6 日对从美国进口的超过 600 种共价值 500 亿美元的商品征收关税。6 月 18 日正值中国端午节，特朗普提出要针对中国价值 2 000 亿美元的产品，准备研究加征 10%的关税，如果不能与中国达成协议，还要准备再对价值 2 000 亿美元的产品加征关税。这加起来就是 4 500 亿美元货物贸易值的关税。

中国海关统计数据显示，2017 年中国对美国出口货物商品贸易总额为 4 298 亿美元。特朗普要对 4 500 亿美元的中国产品加征关税，比中国对美国出口货物商品贸易实际总额多出 200 亿美元。按照中国海关统计数据根本就没有办法征收，因为没有可征收的对象。这样的贸易战可不可能发生？我认为发生的概率是比较低的。大国之间的领导人采取谈判的策略——用特朗普的话叫“交易的艺术”，我们把特朗普的这种谈判策略叫作极限施压，有些学者称其为“极限讹诈”，用词不一样，实际反映的情况是一样的。

一个交易者在极限施压的情况下，会不会反抗？如果它是个弱小的经济体，它的反抗或者逃避都改变不了弱势地位。如果是实力对等的对手，或者更聪明，能力更强，战术攻击更多的对手，会执行什么样的应对策略？它有可能会实行极限惩罚的反抗措施。极限施压就必然有超极限的惩罚或者超极限的反讹诈。关键在于贸易战的对手是谁，抵抗者的能力、知识、结构、耐心非常重要。

为什么会出现全球贸易战？

贸易是人类的伟大发明，贸易的演变甚至贸易战的形式都代表了人类演进的不同历史阶段。当下的贸易战，特别是中美两个国家关于贸易领域里的冲突是怎么发生的？这有很深刻的背景：第一，它是大国博弈的产物；第二，它是东西博弈的产物；第三，它是模式博弈的产物。本文主要从大国博弈方面来讲。

为什么大国之间会产生贸易博弈？地球就这么大，市场就这么多，超大规模国家的利益是紧密相关的，是分工合作的。在这种条件下，产生冲突、产生摩擦太正常了，大国之间不产生摩擦和冲突才是不正常的。但摩擦与冲突的力度、形式、发生的时间节点有不同表现形式。本文从五个角度提供一些观察和思考。

第一，大国精英层。全球最大的两个经济体、最有影响力的两个国家是美国和中国。国际格局发生极大变革，精英阶层对此有不同看法。国际格局的变化是，随着新兴国家中国、印度、巴西、俄罗斯等金砖国家快速发展，西方社会近300年来在全球的主导地位已经发生改变。国际贸易结构、权力结构、经济结构、话语结构甚至文化结构已经发生变化。有的学者认为是千年一变，笔者对这个说法不完全同意，但至少300年以来人类历史上一个重要的大变局在逐渐发生。东西方经济力量、科技力量平衡体系出现了新的结构层次，东方上升，西方相对下降，这是不以人的意志为转移的。这种变局引起了大国的焦虑，特别是精英阶层，尤其是美国社会精英阶层的焦虑。精英决策层在大变局面前对未来存在的不确定性产生了焦虑。

焦虑什么？过去300年国家之间的地位——权力地位、贸易地位、文化地位，以及意识形态结构发生了变化，怎么办？原来的地位会不会改变？由此产生焦虑。当然，新兴大国同样如此。例如，中国、印度等新兴国家要重新定位自己，过去的自己和现在的自己不一样，如何寻找新的定位，这个过程存在着不确定性。这种不确定性都可能引发焦虑。2017年，经济规模最大的美国，其GDP超过19万亿美元；中国是世界上第二大经济体，按照汇率折算，2017年的GDP超过了12万亿美元。中国的GDP大约相当于美国的60%。2017年美国GDP占全球的比重约为25%，中国GDP占全球的比重约为15%。第二次世界大战结束以来，美国GDP占全球的比重在下降，而中国GDP占全球的比重在上升，而且上升的势头不可遏制。这是自然规律。中国自改革开放以来，最差的年份——特别是2000年以来，GDP增长率也在6.5%以上；高的时候超过 10%。美国 GDP 增长率自 2010 年以来超过 3%的年份为 0，大多数年份为 1.6%～2.6%。中国最差年份的 GDP 增长率都接近美国的两倍。

有学者推断，按照这种趋势发展下去，到 2027 年（笔者个人推断有可能还要早一些），中国的 GDP 总量肯定会超过美国。美国在第二次世界大战时，GDP 占全球的比重最高，达到 45%以上，现在降到 25%，当然它仍是全球最大的经济体。中国原来的经济规模很小，发展到现在这个程度已经非常了不起了。1894 年，美国经济总量超过英国，美国成为全球最大的经济体。100 多年来，没有谁能超过美国。但在未来（有可能在下一个十年，甚至五年）有可能有一个新兴经济体的规模和美国旗鼓相当，这是一个大的变局。这种大的变局说明什么问题？全球财富生产——创造财富、市场、科技的能力，以及文化的表述等会发生悄然变化，这个大变局催生了精英阶层的焦虑。在这种背景下，在贸易领域里产生一些摩擦是正常的。

第二，大国决策者。中美两国领导人治理国家的方式不一样。美国领导人是通过党派竞争选出的，决策者凭借竞选策略赢得竞选。在这种情况下，其贸易政策、对外政策与竞选策略是紧密相关的。在中国，领导人对外接触奉行信用哲学，中国要讲信用，要讲信义，对本国的老百姓也要讲信用。大国领导人对东方古老的信用哲学和西方的竞选策略的取舍是不同的。在这种情况下，面临中期选举，贸易战成为特朗普竞选策略的一个方面。中国是相当讲信用的，“人无信不立”是中国的传统哲学。中国的执政精英或决策者们是要讲信用的，要维护国家的稳定和发展，维护国家的核心利益，捍卫自己的贸易利益。在这种情况下，如果两者之间出现了分歧，发生贸易争端是再自然不过的了。

第三，大国社会层。2008 年金融危机爆发以来，西方社会尤其是美国的中产阶级——这一社会稳定的根源，受到精英阶层和社会底层的共同挤压，出现泡沫化，对社会财富分配、社会结构稳定产生负面影响。以中国为代表的新兴国家，随着经济的快速发展，形成了庞大的新兴中产阶层，这些新兴中产阶层对自己的利益和贸易利益非常看重，对国家决策产生的影响不可忽视。在这种情况下，中美两个国家出现了逆向的变革，美国的中产阶级逐渐泡沫化，而中国的中产阶层发展壮大。美国社会底层产生了愤怒、反抗的民粹主义；中国的中产阶层成长壮大后，贫困人口减少，社会结构更加稳定，对维护国家利益的要求提高了，这就形成了对领导者贸易政策的积极诉求。中国决策者不可能忽略这种社会结构的变化并在制定贸易政策时给予有效回应。

第四，大国盟友圈。中西方文化最大的差别在于，中国传统文化讲“天下一家”，笔者称之为“天下主义”，即天下是大家共有的，天下一家亲，不分你我；西方文化受到古希腊与古罗马文化的影响，尤其是城邦社会雅典和斯巴达的影响，城邦之间的利益切割、利益竞争是非常明显的。中国所代表的“天下主义”世界观与西方所代表的城邦主义世界观存在显著差异，不同的观念会导致一些矛盾和冲突，在全球社会里会以贸易战的形式表现出来。

第五，贸易对手圈。大国之间有盟友关系、伙伴关系，当然也有对手关系。特朗普讲中国是中美贸易体系的修正者。贸易对手圈的形成或者建构是导致贸易摩擦和冲突的又一重要原因。

从以上五个角度来说，发生贸易战是常态。中美两国有长期的贸易史。新中国成立以来，美国对新中国进行封锁，从尼克松访华到现在的40多年间，贸易摩擦和冲突不断，但双边关系持续发展。在发展中有冲突，在冲突中有发展。不知道是冲突推动了发展，还是发展推动了冲突，总之“冲突—发展—冲突—再发展”是常态。我们不称之为贸易战争，而应称之为贸易冲突常态。当下的表现源于特殊的政治环境、特殊的社会气候和特殊的时间节点，是贸易的讨价还价，是贸易摩擦的新形式。

司马迁说过：“善者因之，其次利导之，其次教诲之，其次整齐之，最下者与之争。”在伟大的史学家看来，进行争斗是下下策，上策是善者因之，要与人为善和教诲之。放在这个主题下，也就是认为贸易争斗是下策，是最低等的贸易竞争方式。中国传统文化讲究和谐，如“秦晋之好”；而西方文化里有“修昔底德陷阱”。中西方文化是有差异的，中国讲合作、共赢，把斗争看作最劣等的竞争方式。这是笔者理解贸易战的哲学视角。

谁能赢得贸易战？

本文在此先提出两个基本结论：美国不会赢，中国不会输。

美国为什么不会赢？

1. 实力不够，能力不足。美国GDP占全球的比重为25%，中国GDP占全球的比重为15%；2013年以来，中国货物贸易量超过美国，中国成为全球头号贸易大国；2017年，中国海关统计数据显示，中国进出口贸易额大约为4.1万亿美元，美国进出口贸易额大约为3.89万亿美元，美国进出口贸易额相当于中国的95%；中国海关统计数据显示，中美贸易逆差约为2 758亿美元，美国统计的贸易逆差约为3 753亿美元。双方统计口径不一样，但美国对华贸易逆差约相当于美国贸易逆差总额的40%，中国是美国最大的贸易逆差来源国。

现在的贸易战只涉及货物贸易层次，还没有到服务贸易层次、货币层次。第一货物贸易大国和第二货物贸易大国打货物贸易战，老二赢得贸易战的难度很大，概率极低。贸易力量是市场自然演化的结果，是市场竞争的结果。美国的实力不够，能力不足。特朗普将4 000亿美元的牌打完了就没有牌了。就中国现在手上的牌而言，打货物贸易战看似筹码有限，但实际上还有债券牌和货币牌。中国是持有美国债券最多者，美国财政部公布的国际资本流动报告（TIC）显示，中国持有的美国政府债券、票据和国库券 2018 年 3 月份增加了 110 亿美元，总规模达到 1.19 万亿美元，创五个月来的新高。如果中国根据贸易战的风险对债券投资风险进行再评估，进行风险规范，特别是把货物贸易战的风险纳入债务管理，就有很多牌可打了。现在处于贸易战初级阶段，还用不上这个牌。

2. 策略僵化，思维老套。我很佩服特朗普，他是非常聪明的商人，他出的书也非常棒，他在贸易谈判上有成功也有失败，当然总体是成功的。但在国家之间进行贸易的交流合作，他使用商业手段是有局限性的，同样的博弈策略用两次以后就会被对手看穿，威慑效果就减弱了。什么叫策略僵化呢？加征 500 亿美元货物的关税，还要加征 2 000 亿美元，再征 4 000 亿美元就不新鲜了。

3. 时间不够，选举绑架。2020 年特朗普要争取总统连任，这对特朗普贸易策略选择会产生影响。贸易发展本身是个持续不断的过程，短期之内一决胜负非常困难。贸易战的发起者可以决定什么时候打贸易战，但什么时候收兵，达成契约，不打了，不是发起者说了算，而是发起者和防守者共同决定的，所以说时间不够。选举绑架是指美国的选举制度和中国的制度是不一样的，前者是任期制，党派利益和利益集团利益都会对贸易战中的策略选择产生影响。

4. 盟友内讧，信用赤字。美国针对欧盟加征关税，欧盟从

2018年6月22日开始针对美国价值28亿欧元的进口产品征收25%的关税；加拿大从2018年7月1日开始针对美国价值128亿美元的进口产品加征关税。土耳其、印度、俄罗斯等美国的盟友以及不完全是盟友的伙伴也开始对美国加征关税了。所以，盟友不团结，内讧就会影响到美国和中国之间的贸易较量，必然不可能速战速决。有人认为特朗普不讲信用，笔者对此不认同。特朗普相对美国历任总统而言，是非常讲信用的。他对美国的选民相当讲信用，他兑现竞选承诺是相当彻底的。但因为国外没有投票权，他对国外就不一定讲信用。这样就产生了对外信用赤字。要填补信用赤字不能只靠一个人、两个人，而是一个社会集体付出许多年的代价才有可能填补。

5. 逆潮流而动，违背贸易发展规律。贸易是人类最伟大的发明之一。贸易发展到什么程度，人类就进步到什么程度；阻碍贸易就是阻碍人类文明进步，阻碍跨国资源最优配置。阻碍贸易是逆潮流的，是违背经济规律的。逆潮流而动，违背经济规律，是不可能胜利的。

中国为什么不会输？

1. 中国的实力在上升，能力超群。中国已成为货物贸易全球第一大国，随着贸易摩擦的发展，2019年会出现什么问题呢？可能发生贸易转移，即凡是和美国打贸易战、发生冲突的美国非盟友之间的贸易量可能会增加，它们与美国之间的贸易量可能会下降。这导致的结果是：美国在全球中的贸易地位会持续相对下降，以中国为代表的新兴经济体的贸易地位有可能上升。中国成为全球最大的消费市场，这是百年一遇的全球经济大变局。

中国是制造业大国。2010年，中国工业增加值第一次超过美国，中国成为全球第一大制造业大国。有学者推算，中国工业增加值约占全球的19%，到2016年这一数据已超过26%，美国工业增加值占全球的比重已经下降到不足18%。中国是联合国统计的工业制成品种类最全的国家。中国是新兴制造业大国，在全球供应链体系中是不可替代的，这是自然演化的结果。世界上第一货物贸易大国和第一制造业大国在贸易战中会输吗？显然不会。

2. 策略灵活，思维超前。中国政府的执行力是非常强的，有自己的一套体系。新中国自成立以来，应对外部变化的能力非常强。胡锦涛总书记和温家宝总理执政期间，在应对一次非常大的传染病——非典危机时非常有效率。面对大的灾害，中国的应变策略非常灵活有效，领导阶层思维超前。现在领导阶层了解世界，有很强的竞争能力，应对贸易战的时候思维是超前的，具有全球性战略远见。中国的领导团队是历练过的，团队成员大都经历了长期和复杂的基层锻炼，应对挑战的能力强。

3. 时间充足，久久为功。贸易战特别是大国贸易战不是短期的声东击西，而是持久战，不是想停就能停的。中国有应对冲突的耐力和定力，共产党有丰富的执政经验。中国就是通过持久战打败日本法西斯，赢得国家独立和民族解放的。中国还有“你打你的，我打我的”的战略思维。

4. 伙伴支持，化敌为友。中国周边有一些伙伴，特别是毛泽东主席在世时援助过的发展中国家，与中国有天然的亲近感，有天然的贸易联系。在这种情况下，伙伴对伙伴的支持是很稳固的。中国文化讲“化敌为友”，即把敌人变成盟友，这是中国在贸易竞争过程中的策略。

5. 顺应潮流，乘势而为。贸易的发展顺应人类历史发展的潮流，阻碍贸易的发展实际上就是阻碍人类文明进步。这既包括中国人民，也包括美国人民，还包括其他国家的人民，特别是美国的农场主、工人、农民，他们希望通过贸易获得好处，共谋其利。第二次世界大战结束以来，特朗普执政以前，美国是全球最主要的自由贸易倡导者。现在出现一些变局，中国成为全球自由贸易主要的倡导者，应顺应潮流，乘势而为。从历史经验来看，贸易竞争力强的大国往往主张自由贸易，衰败的国家特别是正在走向衰败的大国往往会放弃自己曾经主张的自由贸易。

这样来看，中国绝不会输，美国更不可能赢。

贸易战会不会导致债务危机、金融危机？

2008—2018 年，没有再发生大规模的金融危机，但出现了债务危机。贸易战往往导致全球性贸易萎缩、失业率上升，最后形成全球性的经济危机，就会像大萧条时代一样。2015 年，笔者出版了《金融与债务危机的国际政治经济学分析》，书中提到，2018—2020年会不会再发生大的经济、金融危机？结论是：概率较高，但并不是必然发生，需要根据贸易战的后续发展进一步观察和判断。

是否会出现经济危机

1. 贸易危机。贸易战有可能引起贸易纠纷、贸易危机。贸易危机会影响到与贸易紧密相关的产业，如中国的机电制造业、芯片等，对美国的农业和畜牧业，特别是大豆、小麦、畜产品都有可能造成损害。实际上，零星的贸易危机已经出现了。根据笔者看到的6月21日数据，美国针对一些国家加征钢铝的关税后，美国国内钢材价格已经上涨了40%，如果是期货交易的话，甚至有人说超过了50%。有可能出现通货膨胀，有可能出现失业潮，还有可能催生债务危机。美国目前是世界上负债最高的国家，负债达20多万亿美元（据不完全统计）。现在持有美国政府债券的风险在上升。美国政府的减税政策导致联邦政府收入减少，政府可能会到债市上借钱。贸易战开打以后，有可能造成政府财政收入下降和借贷成本上升。财政收入如果出现较大赤字，不排除美国联邦政府再次关门的可能。

2. 就业危机。有学者指出，加征钢铝关税以后会保住美国一部分就业机会，但可能丧失更多的其他相关产业的就业机会，丧失的就业岗位多于增加的就业岗位，有可能出现失业潮。失业潮的全球蔓延便是就业危机的全球蔓延。

3. 其他危机。如货币危机、储备资产危机、金融危机、经济危机、社会危机、政治危机都可能出现。其他国家与美国的贸易减少，有可能导致以美元计价的全球贸易量下降，美元作为全球主要交易货币的地位在某些地区、某些交易领域可能被欧元、人民币及其他国家货币取代，这会导致货币危机。货币危机会引发储备资产危机，引发金融危机，最终导致经济危机；还有可能延伸至社会领域，形成社会危机，最后引发政治危机。

贸易危机的传染效应

贸易危机的传染效应主要涉及如下八个方面：

1. 全球传染。贸易战会在全球范围内传染：你打我，我打你，互相打。

2. 市场竞争传染。贸易战本身就是市场危机的表现，会在全球传染。

3. 产业传染。经济危机会通过产业传染，现在已形成全球供应链、价值链，产业链体系如果某一环断了，可能会产生“多米诺骨牌效应”。

4. 货币传染。贸易危机会通过货币渠道在全球范围内传染。

5. 金融传染。货币传染是金融传染的表现形式，但后者涉及的领域更多且更复杂。

6. 政策传染。贸易危机通过各国政策的相互影响在全球范围内传染。

7. 预期传染。预期会改变，人们对未来预期的改变也会导致危机的发生，特别是金融恐慌会在全球传播。

8. 其他传染。

中国的战略担当和选择

中国的战略担当

党的十九大以后，以习近平总书记为代表的执政团队，在六个方面表现出卓越的战略担当精神：

1. 坚定维护贸易自由化，成为全球自由贸易、全球文明的维护者和推进者。这与中国的天下主义与大卜关怀相关，中国传统哲学主张天下一家。

2. 持续推动中国“一带一路”倡议。“一带一路”倡议是制止贸易战的战略举措。

3. 持续做强做大中国的制造业，同时建构新的全球产业链体系、供应链体系与价值链体系。

4. 推动构建国际货币新体系。对中国的储备货币制度与汇率进行再思考。

5. 推动建设开放型世界经济。没有一个开放的世界，就没有一个开放的世界经济。

6. 推动构建人类命运共同体。十九大报告提出构建人类命运共同体。把人类命运特别是各国人民的经济命运作为一种关怀对象持续推进，这也是大国担当的体现。

中国的战略选择

长期而言，贸易战对任何人都没有好处，发起贸易战容易，但把贸易战停下来相当困难。在这个过程中，中国政府的战略选择可能涉及六个方面：

1. 全球视野：战略远见与战术谋划。

现在的中国和过去的中国不一样了，它作为全球大国一定要有全球视野，要有长远的战略眼光。毛泽东主席在新中国成立以前就有一种战略思维，他强调“在战略上藐视敌人，在战术上重视敌人”。他的战略思想对中国的决策者不可能不产生影响。在贸易战中表现为：战略上高度藐视对手，战术上高度重视对手。战略思维和战术谋划是一体的。毛泽东主席的这种战略思想和决策思维为现在的执政团队和决策者提供了借鉴。

2. 持久战略：公共治理与伟大复兴。

中国有五千年的悠久文明，历经磨难和挑战，韧性和耐力强。毛泽东当年写过《论持久战》，中国反击日本法西斯的整个历史进程与毛泽东当年的预期非常相似。同样，中国在面对贸易变局时不可能没有持久战的思维，而且是通过公共治理与中华民族伟大复兴结合起来，形成持久的应对贸易变局的定力。

3. 底线思维：核心利益与交易艺术。

涉及中国贸易核心利益时，任何决策者、任何治理者、任何精英都不能退步，必须坚持维护核心利益，坚持底线思维。中国人很灵活，善于交易，在坚持底线思维的基础上是可以妥协的，是有交易艺术的，在保证核心利益的情况下是可以达成交易的。

4. 人民中心：天下一家与互利共赢。

在中国的文化里，民为贵，君为轻。在共产党的思维里，老百姓是非常重要的，以人民为中心，从毛泽东主席到习近平主席是一脉相承的。维护贸易利益就是维护人民利益。这里的“人民”不仅是指中国人民，也包括美国人民乃至世界人民。

5. 奖罚分明：开放合作与超级惩罚。

贸易是互利共赢的，但赚多赚少情况并存，有风险。贸易的发展也是动态的过程，不同时间段对贸易利益的判断是不一样的。习近平总书记在博鳌亚洲论坛上讲到，中国要推动开放，形成全面对外开放的新局面，特别是推动服务业领域的开放。但这种开放对发动贸易战的国家来说肯定有所保留。中国不可能对发动贸易战的对手进行广泛的、大范围的开放；不仅如此，还有可能对其进行惩罚。怎么惩罚？既然有极限施压、极限讹诈，就存在“超极限贸易惩罚”。这是任何捍卫自己贸易利益的国家不会放弃的选项——笔者将其称为“超极限贸易惩罚”。

6. 统一战线：化敌为友与天下大同。

中国的传统是化敌为友，天下大同，即尽可能地把伙伴们团结到自己的周围。

（本文由保建云教授于 2018 年 6 月 22 日在人大重阳系列讲座中的演讲整理而成。）

7.

美国对华接触政策40年

赵穗生*

自中美建交以来，美国一直基于接触政策来改变中国，以追求其战略利益和其他利益。2018年美国政界、学界总结对华政策效果时，对接触政策的指责日益增加，一些人认为对华接触政策为美国制造了一个竞争对手，并未达到美国的战略目的。面对这种指责，我们究竟应该如何认知？接触政策还能否继续？文章通过系统回顾美国接触政策40多年的演变，细数其功过是非。

改变中国——美对华接触政策的"错位共识"

本文首先讨论美国接触政策的产生与目的。接触政策是指尼克松访华后，美国提出的旨在与中国建立正常的国与国之间关系的政策。其目标有两个：一是地缘政治。当时中美都面临着一个

* 美国丹佛大学约瑟夫·科贝尔国际关系学院终身职正教授兼美中合作中心主任。

共同的对手——苏联，这是一个很重要的地缘战略背景。二是美国的长期战略要求改变中国。这种接触政策一方面是要帮助中国实现现代化，让中国出现中产阶级，实现政治上的自由化、民主化；另一方面是让中国在美国所主导的国际秩序中崛起，成为其中一个利益相关者，这样就不会对美国的国际领导地位产生威胁。

中国当时百废待兴，美国的技术、投资、市场对中国的改革开放发挥了积极作用。在这个意义上，中美两国达成一种共识，但这是一种“错位共识”，即美国想把中国变成一个像它一样的西式的民主社会，而中国现代化的目的只是要富国强兵。在这样一种“错位共识”下，中美之间的接触在 20 世纪 70 年代末到 80 年代很成功，美国认为中国正朝它想要的方向变化着。

冷战结束后，中美关系受到了严峻的考验，共同的对手苏联消失了，中国作为当时唯一一个社会主义大国，反过来被认作美国战略上的竞争对手。当时美国对华政策的参与者对接触政策能不能达到其目的产生了疑问。在这期间，中国按照邓小平的指引，韬光养晦，不出头，不搞对抗，加强合作。这给美国一些支持接触政策的人找到了根据，认为只要保持耐心，中国就一定会按照接触政策的目标改变，市场导向的经济改革一定会导致政治上的自由化和民主化。

2008 年金融危机——中美关系发展的重要转折点

如今，美国责备中国，说中国变了；中国责备美国，说美国遏制中国。美国逐渐认识到中国不接受它的一些理念，而它也没有能力改变中国。现在特朗普完全放弃了美国的价值观念，成为自由主义的挑战者，甚至可以说是自由主义国际秩序、自由主义理念、美国的人权价值观念的最大挑战者。美国本身的变化在很大程度上导致了美国对接触政策信心的丧失。所以，在这种情况之下，美国认为对华接触政策不能再按照原来的战略目标推行下去了。

与此同时，中国则是信心满满。2008 年的金融危机对美国伤害很大，中国却很快从中走了出来。当时国内的很多学者认为，美国对中国的依赖大于中国对美国的依赖。在这个过程中，中国的政治领导人、学者对于中国的发展道路的信念都越来越坚定。同时，中国对美国所主导的国际秩序也越来越不满，因为美国所主导的国际秩序在中国看来本就欠公平、合理。中国过去没有能力挑战美国的主导地位，现在中国声音、中国方案、中国智慧等对世界的影响越来越强。所以，美国开始担心中国是不是要建立一套自己主导的国际秩序，以替代美国主导的国际秩序。

在这种背景之下，中美两国中一个越来越没有信心，没有安全感，另一个则变得越来越自信，错位共识消失了。因此，接触政策受到了很大挑战。美国开始反思，主要有两种观点：一种观点认为美国太天真，被中国骗了，中国只要崛起就一定不会容许美国与之平起平坐；另一种观点认为中国原本是愿意改变的，但强大后心态变了。不管是哪一种观点，它们都认为接触政策难以为继，美国要改变战略，对中国实行强硬政策，并且主要集中在对华采取强硬的经济政策上。

美国把很多经济上的问题归结为政治上的问题。在安全问题上，一些学者认为中美之间会产生“修昔底德陷阱”，即可能会因为相互之间的恐惧而产生冲突和战争。特朗普上台后，还继续停留在对华政策的摇摆周期中。中美关系一直摇摆不定。一个新总统要批评他的前任，所以会采取强硬政策；一段时间后发觉中美关系很重要，开始软下来；再过一段时间后发现新的矛盾和问题，又开始强硬起来。特朗普并没有走出这样一种周期。特朗普关注的跟中国接触的问题有两个：朝鲜和贸易问题。他的问题点很集中，而且这些贸易摩擦并不完全只针对中国。所以，从这个角度来讲，笔者不认为特朗普的对华政策发生了本质上的变化。

美国为何无法抛弃对华接触政策？

为什么特朗普对华政策不可能产生本质上的变化？为什么美国即使对接触政策有这么多批评，还是没有办法放弃对华接触政策？简单来说，有以下几方面原因：

第一，接触政策使中国受益很多，也使美国受益很多。金融危机后，中国的经济增长了30%，这对美国的经济增长起到了支撑作用。即使在20世纪七八十年代，中美建交的时候，美国处于滞胀状态，即通货膨胀和经济停滞并存，中国的廉价产品、廉价劳动力也在很大程度上帮助美国走出了滞胀困境。这些年，中国是对美国对外贸易增长贡献最多的一个国家，也是对美国就业支撑最大的一个国家。所以，如果打贸易战，美国绝对是“伤敌一千，自损八百”。

第二，美国要想在亚太地区继续保持其影响力，就必须跟中国合作。十年以前，绝大多数东亚国家与美国的贸易额超过这些国家贸易总额的50％，现在却只有20％左右，而这些国家与中国的贸易额已经超过这些国家贸易总额的50％，可见美国在亚太地区的影响力越来越小。在这种情况下，美国要想在亚太地区继续保持其影响力，跟亚太地区国家保持良好的关系，就必须和中国接触。

第三，接触政策在很大程度上防止了中美之间的对抗，对中国的发展有利，对地区的和平与稳定也非常重要。

第四，美国并没有放弃接触政策，而是转型了。过去的接触政策是要改变中国，现在是不求改变中国，只求维护美国的利益。也就是说，过去的接触政策强调用合作来定义竞争，而现在的接触政策强调用竞争来定义合作。

（本文由赵穗生教授于2018年6月19日在人大重阳系列讲座中的演讲整理而成。）

8.

对华反倾销，印美最多，中国该如何突围？

宋利芳*

反倾销是当今国际贸易中贸易摩擦的主要形式。在众多贸易摩擦形式当中，反倾销对中国的影响最大。实施创新驱动战略，生产高附加值的产品，实现高质量发展，是应对对华反倾销严峻挑战的根本出路。本文围绕对华反倾销的基本情况、产品行业、特点、原因和对策措施等进行了讲解。

自 1995 年 WTO 成立至今，中国成为反倾销的主要目标国，确切来讲是第一目标国和对象国。中国遭受反倾销的历程基本与改革开放同步。1978 年 12 月，党的十一届三中全会宣布实行改革开放，1979 年中国出口到欧盟的机械闹钟就遭受了欧共体的反倾销。涉及中国的反倾销案件数约占全球总数的 25%、反倾销调查

* 中国人民大学“一带一路”经济研究院副院长、经济学院教授。

约占全球总数的 23%、反倾销措施约占全球总数的 25%。

反倾销对中国对外贸易的影响与其他贸易摩擦不同，后者仅仅针对某一家或某几家企业，或者说某些行业的某些厂商，而前者往往影响到整个产业、整个行业，因此可以说是致命的。首先，一旦实施反倾销措施，实施期限就是五年；到期之前反倾销国进行复审，如果复审认为有必要继续实施反倾销措施，又是第二个五年。如果一个国家失去了五年、十年的出口机会，意味着这个产业可能会遭受灭顶之灾。其次，反倾销措施会株连整个行业内的其他同类厂商，因此，对整个行业造成的损失可能达到几十亿元甚至上百亿元。

反倾销是中国面临的贸易摩擦最主要的形式

反倾销是中国面临的贸易摩擦最主要的形式。反倾销、反补贴和保障措施是 WTO 框架下允许的三种贸易救济措施，是 WTO 旨在维护公平竞争秩序、抵制不公平竞争的几种手段。因为倾销本身是不公正、不合理的。通过产品倾销，故意以低价向进口国出口产品，使得进口国相关产业被排挤，这是不公平的竞争手段。所以，WTO 允许进口国针对倾销采取反倾销措施。反补贴与此类似，因为补贴也是一种不公平的行为。补贴使得受到补贴的厂商获得不公平的竞争优势。因此，WTO 允许进口国针对受到补贴的进口产品采取反补贴措施。保障措施主要针对在短期内大量进口某种产品，使得进口国相关产业或相关行业遭受重大损失的情况。

反倾销、反补贴和保障措施仅仅是贸易摩擦的三种主要形式，除此以外还有绿色壁垒、技术壁垒等，涉及汇率、知识产权、劳工标准等。

这些都是贸易摩擦中的非关税壁垒。现在世界各国越来越多地借助于反倾销、反补贴、保障措施、绿色壁垒、技术壁垒等非关税壁垒，是因为 WTO 成立以来，全球贸易中的关税已经降到了很低的水平。目前，发达国家平均关税只有 4%，发展中国家仅为 10%，这样的关税水平对抵挡外国产品进口、保护国内产业和国内市场的作用越来越弱。

因此，越来越多的国家借助于以反倾销、反补贴、保障措施为代表的关税以外的保护手段，也就是非关税壁垒。其中，反倾销、反补贴、保障措施是 WTO 允许的成员国用以保护国内产业和国内市场的正当手段。然而，反倾销、反补贴、保障措施的相关规则主要是定性的，在实践中主要体现在法律法规上，没有明确的严格的操作规程和认定标准，使得相关国家利用规则漏洞，将其用作贸易保护的手段。

如表 8 - 1 所示，1995—2016 年，反倾销案件总数为 5 286 起，反补贴案件数量只有 445 起，保障措施只有 323 起。反倾销案件数量远远多于反补贴和保障措施。

从反倾销发起国来看，共有 62 个国家或地区发起调查，其中印度是发起调查数量最多的，有 839 起；美国有 606 起；欧盟、巴西、阿根廷紧随其后。

在此期间，中国遭受反倾销调查 1 217 起，占全球反倾销调查总数的 23.02%，这个数据可以非常典型地说明中国在反倾销问题上面临的严峻形势。

表 8-1　1995—2016 年全球和中国的贸易救济措施案件数量

贸易救济措施	反倾销		反补贴		保障措施	
	调查	实施	调查	实施	调查	实施
全球案件数量	5 286 起（共 62 个国家或地区发起调查。其中，印度 839 起、美国 606 起、欧盟 493 起、巴西 403 起、阿根廷 348 起）	3 405 起（执行率 64.42%）	445 起（共 28 个国家或地区发起调查。其中，美国 195 起、欧盟 77 起、加拿大 54 起、澳大利亚 28 起、南非 13 起）	240 起（执行率 53.93%）	323 起（印度 42 起、印尼 27 起、土耳其 23 起、智利 19 起、约旦 18 起）	155 起（执行率 47.99%）
中国遭受的案件数量	1 217 起	866 起（执行率 71.16%）	119 起	74 起（执行率 62.18%）	—	—
中国遭受的案件数量占全球案件数量比例	23.02%（共 104 个国家或地区遭调查）	25.43%	26.74%（共 49 个国家或地区遭调查）	30.83%	—	—

WTO 成立以来中国遭受反倾销的基本情况

中国自 1995 年 WTO 成立以来遭受反倾销的情况可以从以下

三个方面来看：

第一，每年国外对中国反倾销的情况如何？

1995—2016 年，中国是每年遭受反倾销案件数量最多的国家，22 年总量合计也是最多的，为 1 217 起；反倾销措施总计 866 起（见表 8-2）。以反倾销调查案件为例，总体呈逐年增长态势。可以预见，今后随着中国对外贸易的继续扩大，反倾销案件数量不会在短期内减少，反而还会增长。

反倾销措施基本上与反倾销调查同步，不过反倾销调查并不一定最终落实为反倾销措施。有的案件事实不成立，我国进行据理力争，积极应诉，调查就会到此为止，不实施措施。所以，一般情况下，反倾销措施的案件数量少于反倾销调查的案件数量。

表 8-2　1995—2016 年中国出口产品遭受国外反倾销的数量

单位：起

年份	遭受反倾销调查数量	遭受反倾销措施数量
1995	20	27
1996	43	16
1997	33	33
1998	27	24
1999	43	21
2000	43	31
2001	55	31
2002	50	36
2003	53	41
2004	49	44
2005	53	42

续前表

年份	遭受反倾销调查数量	遭受反倾销措施数量
2006	73	37
2007	61	46
2008	78	54
2009	78	57
2010	44	57
2011	51	37
2012	60	35
2013	76	52
2014	63	40
2015	70	61
2016	94	44
合计	1 217	866

需要注意的是，有些年份反倾销措施数量超过了反倾销调查案件数量，这是由反倾销案件统计规则决定的。调查案件数量和实施措施案件数量都是以实施或者发起调查的年份为准。从调查到实施措施，时间间隔往往是一年到一年半。

第二，哪些国家和地区对中国的反倾销最多？

如表 8－3 所示，对中国反倾销最多的 5 个国家和地区分别是印度、美国、欧盟、阿根廷、巴西/土耳其（巴西反倾销调查案件排名第五，土耳其反倾销措施数量排名第五）。其中，除了美国、欧盟是发达经济体，其他都是发展中国家。WTO 成立之前，对中国实施反倾销的主要以美国、欧共体、澳大利亚、加拿大这四个发达经济体为主；WTO 成立以后，越来越多的发展中国家加入对中国进行反倾销的行列中。

表 8-3　1995—2016 年中国出口产品遭受国外反倾销最多的五个来源国（地区）

国家（地区）	中国遭受反倾销调查数量（起）	占同期中国遭受反倾销调查总量的比例（%）	中国遭受反倾销措施数量（起）	占同期中国遭受的反倾销措施总量的比例（%）	各国（地区）对中国反倾销执行率（%）
印度	199	16.35	152	17.55	76.38
美国	141	11.59	111	12.82	78.72
欧盟	129	10.60	91	10.51	70.54
阿根廷	106	8.71	76	8.78	71.70
巴西（土耳其）	96（80）	7.89（6.57）	67（71）	7.74（8.20）	69.79（88.75）

除了反倾销调查数量和反倾销措施数量，我们还应该关注各个国家（地区）对中国反倾销的执行率（也叫成功率），即反倾销措施数量与反倾销调查案件数量之比。

以印度为例，印度在这 22 年中总共对中国发起反倾销调查 199 起，对中国实施反倾销措施共 152 起，执行率为 76.38%。同期全球反倾销调查共 5 286 起，反倾销措施共 3 405 起，执行率为 64.42%。与全球整体情况相比，印度对中国的反倾销调查和反倾销措施数量较高。

第三，哪些产品或行业遭遇反倾销案件最多？

从中国遭受反倾销的产品或者行业来看，有五大行业或产业（见表 8-4）。遭受反倾销最多的是贱金属及其制品，主要包括钢铁、铜、锌、铝、铅和镍，尤其以钢铁为主。例如，美国对中国发起的232调查主要针对钢铁产品和铝产品。第二多的是化工产品，第三多的是机械电子产品，第四多的是塑料橡胶制品，第五多的是纺织品。这五大类产品是我国传统的优势产业，也是出口中主要的拳头产品。特别是在20世纪90年代中期前，我国出口最多的就是纺织品，此后主要是机械电子产品。所以，针对这五大类产品的反倾销自然最多。

值得注意的是，在这五大类遭受反倾销的产品中，贱金属及其产品以钢铁产品为主，调查案件数量共计352起，占中国同期遭受反倾销调查的比例为28.92%。也就是说，将近三分之一的遭受反倾销的产品是以钢铁为代表的贱金属制品。

表8-4　1995—2016年中国遭受国外反倾销最多的五类产品

产品	中国遭受反倾销调查数量（起）	占同期中国遭受的反倾销调查总量的比例（%）	中国遭受反倾销措施数量（起）	占同期中国遭受的反倾销措施总量的比例（%）	国外对中国各产品反倾销执行率（%）
贱金属及其制品（XV）	352	28.92	243	28.06	69.03
化工产品（VI）	231	18.98	183	21.13	79.22
机械电子产品（XVI）	144	11.83	99	11.43	68.75
塑料橡胶制品（VII）	97	7.97	67	7.74	69.07
纺织品（XI）	92	7.56	72	8.31	78.26

注：中国有17类产品（全球共计18类产品）遭反倾销调查和反倾销措施。

另外，在WTO的产品分类中，总共有18大类，除了动植物油脂之外，其他17类产品中国都遭受过反倾销了。

WTO成立以来中国遭受反倾销的特点及其原因

中国遭受反倾销的特点可以概括为以下三个方面：

第一，中国是全球反倾销的首要目标国，对中国反倾销的执行率比较高。第二，印度是中国遭受反倾销的首要来源国。第三，从产品来看，以钢铁为代表的贱金属制品是中国遭受反倾销调查最多的产品。

中国是全球反倾销的首要目标国

中国是全球反倾销的首要目标国，主要有以下几点原因。

第一个原因是，中国是世界第一出口大国。2009年中国超过德国成为第一出口大国，之后一直保持此地位。出口规模大，自然树大招风。

除了出口规模大，还有一方面的原因是贸易顺差大。贸易顺差越大，意味着伙伴国的贸易逆差越大。贸易逆差往往成为逆差国对顺差国发起调查的主要原因。

从贸易差额来看，20世纪80年代，中国主要处于逆差状态；从1990年开始出现顺差，除了1993年有逆差，其他年份都是顺差，而且顺差总体来看不断增大。到 2016 年，中国贸易顺差达到 5 090 亿美元。

中国无论是贸易总额还是贸易顺差一直在上升，自然对进口国形成了客观上的冲击。

从另一个角度来看，我国确实存在某些倾销现象。在 20 世纪 90 年代之前，中国没有“倾销”这个概念，中国的《中国人民共和国反倾销条例》是 1997 年才颁布的。

第二个原因是，所谓的中国“非市场经济地位”。非市场经济地位的国家在反倾销面前往往是非常不利的。最主要的原因是，如果被另外一国看作非市场经济国家，则在认定倾销与否时，需要寻找替代国作为参照，以替代国正常的市场价格作为判断倾销与否的依据。

在中国遭受反倾销时，替代国并非由中国确定，而是由反倾销国确定。反倾销国往往是以比中国价格高、成本高、生产率低的国家为替代国。最经常被作为中国替代国的是印度。印度确实在经济规模、人口结构、产业结构、经济结构上与中国很像，但其劳动生产率低于中国，成本高于中国，所以印度的产品价格往往高于中国。因此，非市场经济地位对于中国而言在反倾销事件当中是非常不利的。中国非常容易被判定为倾销，从而招致反倾销。

目前，WTO 的 164 个成员中只有 78 个成员承认中国市场经济地位，对中国反倾销最多的印度、美国、欧盟、墨西哥这些国家或地区都没有承认中国的市场经济地位。

所以，争取其他国家，尤其是争取对中国反倾销最多的那些国家承认中国的市场经济地位，非常重要。

第三个原因是中国出口产品的低价。必须承认，中国确实存在低价行为，从而导致出口产品价格低于国内正常价格，造成倾销。为什么要低价？这是由竞争手段的选择性决定的。中国的比较优势是劳动密集型产品、初级产品，劳动密集型产品、初级产品意味着附加值低、价值低、价格低。另外，中国过去只注重价格，忽视了价格之外的其他非价格竞争手段，包括产品质量、售后服务、广告等。中国正是因为出口产品是初级产品、劳动密集型产品、低附加值产品，所以容易形成倾销。

所以，应对反倾销必须进行创新，必须生产和出口高附加值的产品。

第四个原因是，中国企业不能积极应诉国外反倾销指控。我国民众和政府部门，在改革开放初期对于倾销、反倾销根本不了解，国人不会应诉，而且不了解其他国家的反倾销法，因此不可能应诉。要想应诉的话，必须了解人家的法律，然后积极应诉。

印度是中国遭受反倾销的首要来源国

印度是中国遭受反倾销的首要来源国主要有以下几点原因。

第一，中国对印度的出口额急剧增加。1995 年，中国对印度的出口额为 7.65 亿美元，2016 年为 584.15 亿美元，22 年间增长了 75.4 倍；2016 年，中国对印度的进出口总额为 701.79 亿美元，进口额为 117.64 亿美元，顺差为 466.51 亿美元。所以，贸易额增幅很大，顺差也很大。

第二，中印两国的经济高度相似，产品竞争比较激烈。

第三，中国企业对印度的反倾销政策及实践缺乏了解。

第四，中国对印度的反倾销极少，这意味着缺少制约或制衡别国反倾销的威慑力。1995—2016 年，中国对印度的反倾销调查只有 7 起，中国对全球的反倾销调查共计 234 起。

钢铁产品是中国遭受反倾销调查最多的产品

钢铁产品是中国遭受反倾销调查最多的产品有以下几点原因。

中国出口的钢铁产品数量庞大且价格低廉。2017 年，全球生产的钢铁中，粗钢大概有 16 亿吨，仅中国就生产了 8 亿多吨，即一半的粗钢是由中国生产的。这么多的钢铁生产出来，除了满足国内市场需求之外，肯定还要大量出口。中国钢铁产品出口目的地相对集中于欧洲、美国，也就是现在对中国钢铁产品反倾销最多的国家和地区。

此外，中国钢铁产业集中度低。尽管我国的钢铁产量很高，但是钢铁产业的集中度很低，即排名前三、前五、前十的钢铁企业占的份额比较小。我国钢铁产量位列前三名的企业是河北钢铁、宝钢、武钢，这三家企业的钢铁产量占全国总产量的比重只有 16%。相比之下，韩国前三家企业的钢铁产量占全国总产量的比重为 90.66%，日本为 80.29%，俄罗斯为 68.86%，印度为 62.32%，美国为 53.51%。而且钢铁一般为支柱产业，各国对本国钢铁产业是高度保护的，中国钢铁在反倾销中首当其冲。

中国应对未来反倾销的对策

中国应对未来反倾销的措施有以下几点：

第一，调整中国传统的出口贸易模式。调整出口贸易模式具体包括：调整出口目标和理念；调整和优化出口产品结构，原来主要以初级产品、低附加值的产品为主，现在要强调由出口大国变为出口强国，要创新，增加附加值；调整出口产品的竞争策略，由价格竞争转向质量、售后服务和其他多种非价格竞争策略；转变出口贸易方式，改变只出口产品的观念，通过对外直接投资的形式，对原来的出口目的地进行直接投资，以此代替单纯的产品出口。

第二，重视并积极应对以印度为代表的发展中国家对中国的反倾销。首先，大力加强对发展中国家反倾销政策法规及其对华反倾销实践的了解和研究；其次，中国可以积极与发展中国家缔结自由贸易协定或构建自由贸易区，以避免或减少反倾销贸易摩擦，从而实现互利双赢；最后，建立专门针对发展中国家特别是中国的反倾销主要发起国的反倾销预警机制，一旦出现倾销迹象，政府或者行业协会通过相应的预警机制对成员企业进行警示。

第三，努力降低全球对中国的反倾销执行率，减轻反倾销导致的损失。积极应诉，据理力争，积极配合反倾销国提供相应的材料；尽力争取世界各国（地区）特别是印度、美国和欧盟早日承认中国的完全市场经济地位；通过WTO争端解决机制解决贸易摩擦问题。

第四，适度强化中国的对外反倾销。如果没有对外反倾销，就意味着失去了威慑。因为反倾销的很多规则都是定性的，所以如果有相应的完善的反倾销法律法规体系，就容易对他国的反倾销起到遏制作用。

第五，积极应对国外钢铁反倾销，维护中国钢铁产业安全。针对钢铁企业，中国现在所做的调结构、兼并重组、做大做强，都有助于应对钢铁行业遭受的国外反倾销。

（本文由宋利芳教授于2018年6月12日在人大重阳系列讲座中的演讲整理而成。）

9.

中国的周边安全环境与周边战略

方长平*

中国崛起和历史上多数大国崛起相比天然具有的复杂性和难度在于：历史上大国的崛起往往是在民族国家体系、大致相同的社会制度、同质的文明框架下的崛起；而中国崛起既面临民族国家崛起的固有压力，又面临作为一个社会主义大国崛起的特殊压力，还面临作为与西方异质文明的国家崛起的认同压力，这三种压力聚合在一起。考虑到历史上大国崛起的压力和挑战往往首先在崛起国周边显现，我们没有理由不搞好中国的周边关系，为中华民族的伟大复兴塑造良好的周边环境。

进入2018年后，就传统意义上的周边而言，中国周边安全环境持续走好，甚至可以说是近些年来周边环境最好的时期。中国周边环境演变背后有什么逻辑？它与总体的外部环境、与中国自

---

* 中国人民大学国际关系学院副院长、博士生导师。

身的战略调整有什么样的关系？当前中国的周边安全问题的难点在哪里？今后我国战略选择应该有什么样的考虑？本文就这些相关问题与大家进行交流。

中国的总体外部环境：和平与发展的时代主题没有根本变化

十九大报告关于国际环境的论述为：世界正处于大发展大变革大调整时期，和平与发展仍然是时代主题。世界多极化、经济全球化、社会信息化、文化多样化深入发展，全球治理体系和国际秩序变革加速推进，各国的相互联系和依存日益加深，国际力量对比更趋平衡，和平发展大势不可逆转。同时，世界面临的不稳定性、不确定性突出，世界经济增长动能不足，贫富分化日益严重，地区热点问题此起彼伏，恐怖主义、网络安全、重大传染性疾病、气候变化等非传统安全威胁持续蔓延，人类面临许多共同挑战。应该说，十九大报告对中国面临的国际环境的判断是相当准确的。在这样的总体判断之下，笔者认为中国面临的总体国际环境有这样几个“新”特征：

第一，世界政治进入“新阶段”。第二次世界大战以来，特别是冷战结束以来，流行的自由主义国际秩序正处在崩塌的边缘。必须承认，自由主义国际秩序的稳健很大程度上是由于霸权国美国为该秩序提供了众多公共产品。但是，首先，随着美国实力相对衰落，美国为维系这种让其“吃亏”的秩序再提供公共产品，无论能力还是意愿都不足。其次，民粹主义和民族主义合流，对现有的政治秩序构成了严峻挑战。再次，现有自由主义体制无法有效解决其内部问题，再加上民族主义和民粹主义的压力，在这样的背景下强人政治在一定程度上出现回潮的趋势。最后，全球政治觉醒、认同政治回归。全球政治觉醒有很多推动因素，特别是技术手段的进步使得个人和小团体参与国内和全球政治成为可能；再加上全球范围内的人员流动和经济发展的不平衡，使得人们过去对民族国家的认同和忠诚，正在被对部族、种族、文化、宗教等的认同侵蚀。

第二，世界经济出现“新变化”。首先是经贸冲突加剧，这在当前美国发起的不只是涉及中国且愈演愈烈的贸易战中得到印证。其次是经济发展不平衡，不仅是发达国家和发展中国家经济发展不平衡，而且发展中国家之间，例如包括中国在内的新兴经济体和其他发展中国家间的差距也在扩大。再次是收入分配失衡，不仅是发达国家与最贫穷的发展中国家之间收入分配失衡，而且即使在像美国这样的高度发达国家，收入分配不平等的现象也非常严重。最后是世界经济与金融失衡，2008年金融危机后，美国对金融领域的治理并没有从根本上解决问题，当前美国和国际金融市场依然存在不确定因素。在世界政治经济相互依赖的背景下，世界经济出现新变化将会深刻影响国际体系的演变和国际环境的变化。

第三，地缘竞争出现“新态势”。首先是体系性大国之间的地缘竞争加剧，如中美俄之间的竞争、博弈近年来出现加剧趋势。主要大国的军费开支不断创新高也在一定程度上证明了这点。其次是代理人“竞争、冲突”浮现，虽然还没有公开出现冷战期间的“代理人战争”，但“代理人的竞争甚至冲突”已经隐约浮现。再次是冷战思维凸显，旧冷战严格意义上来说还没有完全结束，现在大家就开始谈论新冷战，这无论如何都不是好兆头。

第四，大国兴衰呈现“新格局”。随着中国的崛起，一段时期以来我们热衷于谈论中国崛起和其他国家或地区衰落的问题。首先是美国衰落问题。单纯从 GDP 指标看，中国确实在快速接近美国，但讨论国家的兴衰，GDP 只是其中的一个指标，中美之间的军事实力以及文化教育影响力、影响国际制度和塑造国际议程的能力还有很大差距。其次，俄罗斯是不是一蹶不振？虽然俄罗斯的 GDP 大约是中国的十分之一，而且俄罗斯现在被西方持续制裁，确实处于艰难时期，但俄罗斯的军工产业、科技实力有目共睹，另外千万不要忘了俄罗斯是个核大国、核强国；历史上，俄罗斯作为一个传统的帝国，有很多成熟的战略工具，这是我国不具备的；特别是，俄罗斯在关键时刻为捍卫核心国家利益而展示出的意志力、决断力确实不容置疑。例如，当年俄罗斯突然出兵科索沃、叙利亚、克里米亚，震惊了国际社会。最后，关于欧盟。现在有一种观点认为，欧盟即使不解体，未来的凝聚力也将变得很弱，难以作为一极出现在国际舞台上。尽管欧盟今天遇到了一体化危机、债务危机、难民问题，以及恐怖主义等问题，但我们必须看到，欧盟目前遇到的问题有的是结构性的，有的是阶段性的，欧盟是一个高度发达和成熟的组织。近代以来，欧洲是很有创造力的地区，今天国际社会诸多理念、制度是欧洲创造的。总之，我们对大国兴衰的评估要尽可能客观。千万不要把我国的崛起、复兴建立在别国衰落的预判上。

总之，笔者对中国面临的总体外部环境的判断是：和平与发展的时代主题没有根本变化，但安全环境和发展问题遇到的不确定性同样存在且正在增多；中美关系仍将是影响中国总体外部环境的结构性因素；周边环境是影响中国总体外部环境的重要环节。

中国的周边安全环境

认识周边

中国有 14 个陆上邻国和 6 个海上邻国，周边还有一些具有重要影响的非邻国以及区域性国际组织与地区合作机制。陆上 14 个邻国包括：朝鲜、俄罗斯、蒙古、哈萨克斯坦、吉尔吉斯斯坦、塔吉克斯坦、阿富汗、巴基斯坦、印度、尼泊尔、不丹、缅甸、老挝、越南。海上 6 个邻国包括：韩国、日本、菲律宾、马来西亚、文莱、印度尼西亚。对中国周边安全有重要影响的非邻国包括：美国、澳大利亚、新加坡、柬埔寨、泰国、乌兹别克斯坦等。

具有重要影响的区域性国际组织与地区合作机制包括：上海合作组织、东盟、亚太经济合作组织、东亚峰会、“10+3”峰会、“10+1”峰会、中日韩峰会、亚信会议、TPP等。

国内有学者认为，地理上的大周边应该是：“6+2”。中国的周边不能局限在邻国的概念上，而应是一个地理上的大周边。“6+2”即传统范畴的东北亚、东南亚、南亚、中亚、南太、西亚，加上西太平洋和北印度洋。西太平洋和北印度洋都是中国战略和发展的海上要道。还有学者认为，地缘上的大周边还应该包括美国，无论是在历史上还是现今，美国都是影响中国周边安全环境的重要力量。

认识周边关系

认识周边关系，需要看以下两个层次的关系：首先是三对双边关系。第一对是中美关系（这对关系是结构性的）；第二对是中国和中等强国的关系，包括日本、印度、澳大利亚等中等强国；第三对是中国和小国的关系。其次是多边关系，即中国和一些地区组织的关系。

随着冷战结束后中国外交战略的调整，中国与周边国家间的关系改善并形成了正常国家间的关系。也正是在这段时期，中国的外交原则从总体性外交向类型性外交转向，即形成了大国外交、周边外交、发展中国家外交、多边外交的大致分野，周边外交的原则和理念从中国总体外交的体系中发展起来。

认识周边问题

认识周边问题包括以下几个方面：

第一，周边力量对比与中国的战略压力。随着中国的崛起，中美经济实力接近，美国担心会被挤出中国周边，所以加强对中国的战略遏制，以挤压中国的战略空间。周边大国，如印度、日本、澳大利亚等，担心它们所在的次区域主导权旁落，因此加强与美国的战略互动，以牵制中国。周边小国担心中国不能抵挡霸权诱惑，特别是与中国有领土/领海争端的国家，其表现是对中国近而不亲，心存畏惧，因此中国需要做增信释疑的工作。当前，这三种不同类型的国家在防华问题上达成了准共识。

第二，经济与安全二元分离格局的制约。众所周知，中国现在是大部分周边国家的第一大贸易国，但中国在地缘经济上的影响力并没有转化为地缘政治上的作用力。不仅如此，中国还经常在安全领域受到这些贸易伙伴国的牵制。经济与安全的二元分离，主要源于周边国家在安全上依靠美国、在经济上不放弃中国，避免在所有议题上倒向一个国家，以寻求自身独立性的考虑。

第三，安全机制与经济机制不均衡。中国周边没有形成覆盖全区域的安全机制，目前有美国主导的双边安全机制如美日、美韩、美澳等联盟机制，以及上海合作组织等多边机制。前者由于其排他性特征经常引起地区局势紧张，后者目前主要涉及非传统安全领域。与此同时，有学者认为，东亚地区的经济机制过剩，这些经济机制的论坛性特征比较突出，目前还难以对地区经济有实质性的推动，特别是众多经济机制目前还存在一定的竞争。

第四，地区热点问题呈现复杂化的趋势。中国周边各区域的主要热点问题包括：朝核问题、中日东海问题、钓鱼岛争端、南海问题、中印边界争端、印巴冲突、阿富汗重建、“三股势力”（恐怖主义、分裂主义、极端主义）等，这些问题具有长期化、复杂化的趋势。周边热点问题难解甚至无解，首先是因为问题本身具有复杂性；其次，域外力量强势介入使得问题更加纷繁复杂；最后，随着中国的崛起，周边地区的民族主义上升，情感性因素介入也使得问题解决难度更大。

第五，中国周边环境当前呈现出新态势。中国与周边大国的关系在发展或改善，在传统中俄关系发展的基础上，中国与日本、印度这两个大国的关系在积极改善；中国周边的热点问题在降温，东北亚的朝核、东南亚的南海、南亚的中印边界争端，至少这些问题目前没有被激化。但是，美国亚太政策的不确定性、中美关系的不确定性，导致中国周边环境改善的进程同样具有不确定性。无论是中国与主要大国关系的改善，还是周边热点问题的降温，很大程度上都与未来美国东亚政策调整方向及力度相关，因此我们要充分考虑当前中国与周边关系改善还存在的脆弱性一面。

中国的周边战略选择

2013 年 10 月，习近平主席在周边工作座谈会上的讲话中强调，努力使周边同我国政治关系更加友好、经济纽带更加牢固、安全合作更加深化、人文联系更加紧密。

党的十八大以来，中国的周边战略特色包括：经济领域外交突出，安全领域外交有待提升；中小国家外交突出，大国外交有待提升；多边外交突出，双边外交有待提升；官方外交突出，民间外交有待提升。在安全领域，除了一些危机应对和一些原则性的声明，安全领域的外交机制建设比较弱。在大国外交方面，党的十八大以来，我国比较关注中小国家，大国关系尤其是周边大国关系长时间没有得到根本上的改善。在双边外交方面，我国往往在多边框架下发展双边关系，中国与周边国家和地区的双边外交还有提升的空间。在民间外交方面，中国与周边国家和地区除了旅游业比较活跃外，在学术、文化、教育交流等领域还有较大发展空间。

在总结党的十八大以来中国周边外交经验的基础上，在坚持亲诚惠容的周边理念的前提下，可在以下六个方面对今后中国外交战略和策略进行规划和运筹。

1. 客观认识周边关系中美国的作用，充分认识周边外交的自主性。

长期以来，学术界有一种观点认为，中国周边外交问题的源头在美国，搞好了中美关系，周边问题就会迎刃而解。这种观点在很大程度上认为周边外交的自主性差，受美国的影响大，中美关系缓和，周边环境就会随之缓和，而中美关系紧张，周边外交无疑将随之紧张。必须承认，鉴于历史与现实因素，美国塑造中国周边形势的能力确实较强，美国也确实有意愿利用周边问题对中国施加压力，这点从奥巴马后期到特朗普时期已经日趋明显。但这种认知有一定的片面性。首先，美国不太可能完全决定中国的周边外交环境。中国周边不仅有中小国家，也有像俄罗斯、日本和印度这样的大国；不仅有美国的同盟国家，也有不结盟国家，甚至有同美国关系紧张的国家。美国更多的是对它的同盟有一定的影响力。其次，即使是美国的同盟国家，也有自己的国家利益考量，不会轻易把自己的对外政策完全与美国捆绑在一起。特别是在当前美国特朗普亚太战略处于急剧变动的时期，美国对同盟国家的信任和承诺具有极大的不确定性。在这样的背景下，美国的同盟国家更多从本国而不是联盟的视角处理其与中国的关系。例如，最近中国与美国的关系相对紧张，并没有带来中国周边安全环境的明显恶化，反而中日、中印关系出现了良好的发展势头，中国与东盟的关系保持总体稳定，东北亚地区的形势也相对缓和。最后，在中国经济和地区影响力日益提升的背景下，中国周边的中小国家在中美之间很难选边站，完全倒向美国或者完全倒向中国都不符合它们的利益。因此，我们必须承认，一方面，中美关系对于中国总体外交，包括周边外交有特殊意义；另一方面，周边外交议题也有自己独特的历史与演变逻辑，周边外交完全依赖于中美关系的思维方式易于导致我们产生阴谋论的思维，对周边外交自主性认识不足，令我们运筹周边外交的能动性下降。

2. 切实做好周边小国家外交，努力完善周边外交布局。

中国本身就是世界的大国，随着中国的崛起进程加速，周边小国对中国心存疑虑甚至畏惧心理，在某种程度上是可以理解的。进入新世纪以来，中国政府高度重视周边外交工作。特别是党的十八大以来亲诚惠容的外交理念的提出，以及我国一贯强调的大小国家一律平等的外交原则，都是中国政府高度重视周边外交工作的体现。但要想把这些理念和原则与处理中国同周边小国的关系的实践联系起来，还需要做大量细致的工作。例如，要内心真正重视小国心理；要注重细节（开展小国外交重在细节而不是规模），以细节树立形象；要树立正确义利观，中国这样的大国在与小国的经济往来中，光讲互利共赢还不够，有时候还要让利。当然，搞好小国外交并不是没有原则，小国不能任性，更不能故意勾连域外大国挑起事端。对此，我们要树立底线思维和差异性思维原则。

3. 努力处理好与地区中等强国的关系，尊重中等强国的区域影响力。

如前所述，随着中国的崛起，中美实力日趋接近，中国与地区中等强国的实力差距在拉大。这在一定程度上会导致地区中等强国在维护其传统地区影响力上的不确定感甚至危机感。因此，我国一定要平衡处理中国与中等强国以及与这些中等强国影响下的第三方的关系。中国外交传统上就没有经营势力范围的理念，今天更没有所谓扩大势力范围的想法。在具体外交实践上，我们千万不要一段时期集中把外交资源投入这些大国或小国。既不要造成大国有“被挖墙脚”的心理，也不能造成小国有被忽视的“不对等关注”的想法。

4. 注意结合周边外交的整体性和差异性，分清不同次区域方向的轻重缓急。

基于中国周边环境的复杂性、不同区域的议题的差异性，我国一方面要从整体上提出周边外交方针或者方略，另一方面要习惯于针对不同区域形势和安全议题提出战略。例如，在东北亚，目前的主要议题是朝核问题以及与此相关的朝鲜半岛和平体系建设问题，中国与日本、日本与韩国、日本与俄罗斯的岛屿及领海之争；在东南亚，主要是中国与部分东盟国家的南海争端；在南亚，主要是中国与印度的边界问题，以及中国崛起进程中中国与印度可能存在的地缘紧张；在中亚，主要是对三股势力的打击，以及“一带一路”倡议的经济合作问题；周边的重要议题还有美国提出的印太战略问题对我国的可能冲击。周边不同区域的主要议题不同，易于导致中国周边外交议题碎片化，难以在结构和系统层面产生整体的周边外交观。要使不同方向的周边外交成为有机的相互协调的整体，我们需要有系统性思维方式，特别是要分清不同次区域的轻重缓急，从主权、安全和发展等议题领域来重构周边外交体系，保持不同地区平衡、陆海平衡、议题平衡，以确保周边地区的长期稳定和发展。

5. 统筹维稳和维权两个大局，重视危机管控与发展之间关系的统一。

2013 年 7 月 30 日，习近平同志在十八届中央政治局第八次集体学习会议上讲话指出，解决这个（领土领海争端）问题，总的要统筹维稳和维权两个大局，坚持维护国家主权、安全、发展利益相统一，维护海洋权益和提升综合国力相匹配，实现稳中求进。这说明中国政府对于热点问题的思考是冷静的。热点问题极易引起包括中国在内的各国民族主义情绪上升，对各国理性决策造成干扰。对此，我们的认识是，周边热点问题尤其是涉及领土、领海争端的热点问题，固然极为重要，但中国有比这些问题大得多的总体战略环境和战略任务，应将这些问题放在战略大局中去审视、去处理。领土、领海问题是相邻国家关系的重要方面，争端的爆发通常不是国家关系恶化的根源，而是国家关系恶化的表现。换句话说，领土、领海问题不决定国家间关系，而是国家间关系的大局决定国家解决领土、领海问题的状况。在这样的背景下，我们要注意的是危机管控而不是一劳永逸地解决热点问题，需要做的是让积极、稳定、健康的双边关系逐步消解热点问题在双边关系中的重要性。

6. 抓住周边战略核心问题，保持和推进周边关系的稳定和发展。

当前和今后一段时期，中国周边战略需要注意以下核心问题：

第一，保持和提升中国在东北亚地缘战略中的核心地位。首先需要确保这一地区安全局势的稳定状态，特别是在当前朝核问题发展的关键时期，我们既要积极介入，主动开展斡旋，做好危机管控工作，推动朝核问题与朝鲜半岛的和平建设问题同步解决，也要注意不能让美国把朝核问题没有取得进展甚至恶化的责任推给中国。其次，努力争取与韩国和日本关系的根本改善与发展，尽可能超越具体问题，如萨德问题、岛屿争端问题，管控民族主义情绪，加强各自国家政府与民间的交流与沟通。当前，美国特朗普政府的东北亚战略处于急剧变动时期，除急剧变动、扑朔迷离的美朝互动之外，韩日两国也面临着美国对联盟体系、联盟军费负担再调整的压力，再加上关税制裁，在某种程度上这为中国与日韩关系发展提供了空间与契机。中日韩之间的高层互动频繁就是例证。最后，我们要提高东北亚外交议程设置能力，把东北亚目前聚焦朝核问题的议程转移到经济合作的议程上来，特别是在朝鲜正在对国内的先军政治进行调整，把国家的战略重点聚焦于经济建设的时期，要把朝鲜吸引到地区与世界经济多边合作的框架中来。

第二，显著增强对东南亚的塑造力。首先，我们应该进一步增强对东南亚地区经济上的辐射力和影响力。尽管经济上的相互依存并不必然带来政治和安全上的相互理解和支持，但对于东南亚更需要寻求经济发展的中小国家来说，经济上的影响力仍然不容忽视。其次，我们应进一步提高夯实多边倡议和多边机制的能力，特别是在美国退出 TPP 的背景下，把现有与东南亚的多边机制做实更显得重要。再次，我们应进一步做好民心相通工作，充分考虑到中国崛起可能对东南亚中小国家心理上造成的冲击力，通过长期细致的工作，推动东南亚国家对中国和平发展战略的预期和认同。最后，我们要充分抓住东盟共同体建设的机遇，打造中国与东盟的利益共同体、命运共同体，提升中国与东盟整体关系的水平。

第三，要积极运筹好中印、中日等大国关系。

印度是中国西部的重要邻国，是正在崛起的世界大国，其资源禀赋、发展前景与国家抱负不容忽视。但与印度的重要战略价值相比，长期以来中国对印度的了解、理解相当不足，对印度的战略意图和战略影响缺乏足够的重视。在新时期，我们需要突破传统的中印巴三角关系的视角来看待中印关系，把中印关系放在全球视野下。特别是随着特朗普提出印太战略，我们对印度的战略一定要提高定位，鼓励印度保持战略自主性。同时，我们要超越中印边界争端的具体议题，从更加广泛的议题领域发展中印关系。我们还要加强与印度社会的广泛交往，加强教育、旅游和经贸往来，夯实中印关系的民意基础。特别是，我们应照顾好彼此的核心关切，灵活处理好“一带一路”倡议的分歧。当前运筹好中日关系同样意义重大。我们要充分认识到中日关系存在自主性的一面。尽管安倍政府对美日外交依赖性较强，美日关系是日本外交的支柱，但中日关系有自己的发展动力和演变逻辑，日本并非在所有问题上都与美国同步。在特朗普执政时期，日本对外战略自主一面更加凸显。同时，我们也要跳出具体的问题来看待中日关系，特别是不要让领土争端、历史问题绑架中日关系的大局，防止激进民族主义情绪干扰中日关系发展——既要防止日本国内的，也要防止中国国内的，以夯实中日关系的民意基础，改善和提高彼此国民的积极认同。

当前中印、中日关系都迎来了改善与发展的关键时期。最近中印、中日领导人实现了高层会晤，为多年停滞的两对双边关系注入了新的活力。这既是我国周边外交积极作为的结果，也有印度、日本面对特朗普不确定的内外政策主动调整考量的影响。尽管这一轮中国与日本、印度关系的调整存在脆弱性的一面，未来也有不确定性，但我们还是要努力保持目前中印、中日高层交往的积极势头，管控好两对双边关系的敏感问题，提高对双边关系自主性的认知，积极运筹好中印、中日等周边大国关系。

第四，努力保持中美关系的战略稳定，尽可能地减少中美关系的恶化对中国周边环境的负面影响。

无论我们承认与否，在影响中国周边环境的结构性因素中，美国的因素非他国可比。可以这么说，中美关系好了，中国周边环境未必随之好转；但中美关系如果持续恶化，中国周边的热点问题肯定难以降温，中国与周边国家关系的发展前景将面临脆弱性。在中国日益崛起的背景下，美国对中国的战略围堵和遏制趋势日益明显。美国正在积极进行显著的战略调整，把奥巴马时期的亚太再平衡战略拓展为印太战略。当前，印太战略还没有完全定型和实施，我们对美国的印太战略要保持一定的战略定力，但同时对其未来动向、走势与进攻性影响要高度关注。既要未雨绸缪，主动运筹好周边大国关系，又要保持足够的理性和定力，从大战略出发保持中美关系的战略稳定，尽可能避免中美关系的负面性影响到中国周边环境的改善。当前要防止把经贸问题外溢到安全议题。

结　语

考察中国的周边环境，要有系统性思维。纵向上，我们要看到中国今天周边环境的问题有其历史演变的逻辑；横向上，中国的周边环境，既受域外大国特别是美国的结构性制约影响，也受周边大国和中小国自身的战略抱负和利益考量影响，还受中国自身的实力变化引起的地区结构重组和战略调整影响。在纷繁复杂的周边环境中，我们要把周边环境的塑造放在中华民族伟大复兴的大战略下考察，为此要充分认识到中国崛起的复杂性、艰巨性，保持足够的战略定力和耐心。中国崛起和历史上多数大国崛起相比天然具有的复杂性和难度在于：历史上大国崛起往往是在民族国家体系、大致相同的社会制度、同质的文明框架下的崛起；而中国崛起既有民族国家崛起的固有压力，又有作为一个社会主义大国崛起的特殊压力，还有作为与西方异质文明的国家崛起的认同压力，这三种压力聚合在一起。考虑到历史上大国崛起的压力和挑战往往首先在崛起国周边显现，我们没有理由不搞好中国的周边关系，为中华民族的伟大复兴塑造良好的周边环境。

（本文由方长平教授于 2018 年 10 月 26 日在人大重阳系列讲座中的演讲整理而成。）

富民之策

10.

中国金融40年：回归金融的常识与逻辑

吴晓求*

中国40年的巨大成就，其思想来源于党的十一届三中全会。我们永远不要忘记1978年，这是现代中国历史性转折的一年，其标志是开启了中国伟大的改革开放事业。党的十一届三中全会确立了解放思想、实事求是，以经济建设为中心的正确思想路线。中华民族一直都在探索中国繁荣发展崛起的路径，从孙中山到毛泽东，到所有共产党人，都在探索中华民族如何找到复兴的正确道路。

本文主要包括两部分：一是介绍中国金融改革40年的发展历程和所取得的成就；二是用较大的篇幅讲解金融的常识与逻辑，这是因为人们经常会违背这些常识和逻辑。

---

* 中国人民大学副校长、金融研究所所长。

中国金融 40 年改革和发展的成就，为中国未来的大国金融构筑了坚实基础

在中国 40 年的改革开放中，中国经济取得了巨大成就。改革开放 40 年来，中国由贫穷、落后、封闭的国家发展成正在迈向现代化的、正在走向小康的、开放的国家。40 年来，中国取得了人类历史上的伟大成就。40 年前，中国虽然是个人口大国，地域辽阔，但底子薄，经济基础差，观念意识落后。经济基础那么差的国家，经过 40 年的改革开放和发展，能这么富有生气且正在走向富裕和开放，的确是人类社会的奇迹。短短的 40 年，也就是两代人，改变了落后的中国。原因在哪里？

思想解放的大意义

中国 40 年的巨大成就，背后的思想来源于党的十一届三中全会。我们永远不要忘记 1978 年，这是现代中国历史性转折的一年，其标志是开启了中国伟大的改革开放事业。党的十一届三中全会确立了解放思想、实事求是，以经济建设为中心的正确思想路线。中华民族一直都在探索中国繁荣发展崛起的路径，从孙中山到毛泽东，到所有共产党人，都在探索中华民族如何找到复兴的正确道路。

1978 年以前的很长时间里，我们都在摸索，走了很多弯路。

1978 年党的十一届三中全会找到了正确的中华民族复兴之路，即走中国特色社会主义道路，走改革开放的道路。解放思想、实事求是，是我们成功的秘诀。中国的成功来自思想解放。思想解放激发了中华民族的巨大活力和创造力。中华民族是个伟大的民族，是因为历史上它产生了很多引领人类社会发展前进方向的思想家。世界上很少有像中华民族这样产生了如此多思想家的民族。有思想家的时代一定是丰沃的年代。思想解放是一个民族生命力的源泉，我们过去的没落就没落在思想的桎梏，思想被禁锢。清朝是个没落的朝代，其最典型的特征就是思想的禁锢。新中国建立以后的很多年，我们的思想仍然处于禁锢的状态，人们的创造力没有焕发出来，所以我们落后了。

1978 年党的十一届三中全会倡导的解放思想具有深远的意义，人们的创造性焕发出来了。这 40 年我们有很多创新，有很多领域开始走在世界前列，这首先得益于思想解放这样的伟大运动。

正是在这样的大背景下，我们在 20 世纪 70 年代末、80 年代乃至于 90 年代培育了数以百万计的人才，他们现在是社会的中流砥柱。这些人经过那个时代思想解放的洗礼，知道思想的创造力有多么重要。中国 40 年来有如此大的成就，与经过思想解放洗礼的这两代人有密切关系，当然也与上一代人艰苦奋斗的精神密不可分。笔者始终怀着一种非常感恩的心情去纪念党的十一届三中全会——它给了我们新的生命。如果没有党的十一届三中全会，不少人可能如今仍在自己所在的地方务农。1977 年，中国还没有完全改革开放，小平同志急人才所急，恢复了高考。当时有人提出上大学需要领导批准，需要进行政治审查。小平同志断然否定了这种提法。在那个年代，小平同志所具有的巨大勇气、超人的智慧、无与伦比的担当精神令人敬佩。我们做任何事情都要为这个国家的未来负责。实际上，所有的年轻人都应该公平、自由地享受受教育的机会，中国没有一代又一代人才的成长就不可能发展起来。

什么叫人才？首先是要有担当精神。什么事情都推托，那不是人才。如果没有担当精神，我们的国家就不可能有这么快的发展，因为很多事情都需要创新、需要开拓。40 年前（1978 年）我国实行的是封闭的计划经济体制，观念非常落后，帽子也非常多，动不动给你扣帽子。如果没有一大批有担当有理想的人，怎么可能有中国的今天？20 世纪 80 年代有个口号，叫“振兴中华”，那是那个时代的精神追求，是发自内心的呐喊。女排赢得了世界冠军，呼唤出“振兴中华”的伟大理想。那个年代的年轻人的确有这种理想，个人的利益没有放在特别重要的位置。我们希望一代代有理想、有担当、有作为的人服务于我们的国家。

全方位推动了市场化改革

很多人不知道在那个年代计划经济的影响多么深刻、观念多么僵化。计划经济和市场经济是完全不同的经济体制，市场经济能够充分发挥所有人的能力，计划经济只能发挥一个主体的积极性。在市场经济条件下，数以百万计的企业、数以亿计的人的积极性得到发挥，这就是市场的力量。市场经济给了人们巨大的自由空间、创造空间、想象空间、实现理想的空间。计划经济把人束缚死了，人永远是颗不能动的螺丝钉，天才也只能在那个地方待着。所以，全面推动市场化的改革非常重要。

有一段时间，我非常忧虑，看到不少人发表奇谈怪论。改革开放40年来，很多人忘掉了我们的经验教训，思想沉渣泛起，腐朽的东西扑面而来。这怎么行呢？坚持走市场化改革，坚持走社会主义市场经济道路，这是不可逆转的。改革开放是中华民族复兴的唯一之路，没有别的路可走。总书记在多个场合专门强调了这一点。

所以，必须坚持市场化改革的方向。改革的核心是激发所有人的积极性。市场是资源配置的决定性力量，党的十八届三中全会总结了这个经验和理论，深刻理解了市场的作用和价值。从过去的市场是资源配置的重要力量，到市场是基础性力量，再到市场是资源配置的决定性力量，理论认识在不断进步。

开放的战略意义

开放给了中华民族巨大的自信，这个自信是理性自信，是通过竞争之后得来的。中国的大门永远不能关，要永远开放，要越开越大。中国没落的时代都是闭关锁国的时代。谁闭关锁国谁就没落，因为他没有信心，坐井观天，自以为是。我们要在竞争中确立自信。改革开放40年来，特别是加入WTO后，中国经济的确腾飞了。中国经济的真正起飞是在加入WTO之后。当然，加入WTO之前，我们做了很好的体制准备，推动了市场经济体制改革。但加入WTO之后，我们才知道什么叫现代市场经济，所以开放很重要。如果没有开放，改革就找不到准绳和方向，找不到对接的规则。改革开放告诉我们，所有的规则都要与现代市场经济规则相对接，也就是与WTO规则相对接，与全球化相对接。我们在加入WTO之后取得了巨大进步，如重视保护知识产权。我们的社会从这个时候真正开始迈向法治和现代。

中国是主张开放的。我们在开放中了解了世界。WTO是第二次世界大战之后所形成的规则，有那个时代的烙印。总体上看，这个规则是公平、合理的，可体现国与国之间发展上的差别。中国的崛起使全球经济结构发生了重大的变化，经济业态也发生了变化，科技对经济的渗透越来越广泛，全球化趋势越来越明显。这时候，我们有必要研究一种新的全球化规则以推动全球经济的发展。要确定这个新规则需要进行系统思考。过去的规则中有一些关税壁垒和非关税壁垒在全球贸易中起作用，虽然这些壁垒在规则范围内是允许的，但它们毕竟会阻碍货物和资本的有效流动。也就是说，过去的规则体现了过去那个时代的特征，有它的合理性；但现在时代在进步，我们要研究适用于新的全球化时代的新规则。

新的全球化需要什么新的全球化规则？贸易规则、投资规则等与第二次世界大战之后形成的规则有什么差别？WTO 的前身 GATT 是第二次世界大战结束后形成的重要全球贸易规则体系，对全球贸易发挥了重要作用。包括国际货币基金组织（IMF）、世界银行以及联合国等在内的国际组织都是第二次世界大战之后形成的政治、经济、金融规则体系。

站在改革开放 40 年后的今天来看，这些规则体系有它们需要改进的地方，我们必须理性地、动态地看到这些变化，国际货币基金组织的作用、世界银行的作用、国际货币体系的结构等都需要纳入新的视野中加以系统研究。中国是个新兴大国，有责任根据新的变化研究新的规则。

金融的巨大作用

经济和金融始终是分不开的。1978 年中国的 GDP 是 3 600 亿元人民币，2018 年有可能超过 90 万亿元人民币。40 年前的人均 GDP 约为 100 多美元，到 2018 年则接近 1 万美元。金融对此起了特别重要的推动作用。这 40 年中，金融指标的增长速度比经济指标高得多。

举例来说，1978 年全国城乡居民储蓄存款为 210 亿元人民币，而现在城乡居民储蓄存款超过 70 万亿元人民币。1978 年金融总资产不到3 000亿元人民币，而现在是 360 万亿元人民币。现在 M2 超过 170 万亿元人民币，金融资产按大口径统计为 360 万亿元人民币，按小口径统计为 220 万亿元人民币，证券化金融资产达 110

万亿元人民币。1978年外汇储备只有1.67亿美元，全中国卖了那么多油也就赚了这1亿多美元外汇储备，现在稳定在3万亿美元以上。

对比这些数据可以发现，各类金融资产增长速度远远比经济增长速度高。这说明经济的金融化率在提升，由1978年的0.318到现在的2.1，这是经济的货币化率，也就是M2与GDP之比。有些人通过这个指标来说明金融资产有巨大的泡沫，要防范金融风险。金融资产增长速度如此之快，不少人认为中国有出现金融危机的可能性，认为金融资产增长太快，金融资产泡沫化程度大幅度增大，因而危机发生的概率增大。也有人认为这是中国经济金融深化程度提高的表现，金融对经济的渗透率在加强。由此可以看出，金融对中国经济的推动力是巨大的，就看我们怎么解释它。

笔者认为，在目前的环境下，金融资产存在一定的泡沫，但金融对中国经济的影响力大幅度提升了，中国经济金融化程度大幅度提高了，我们要更多地把它看作深化的指标。在货币或金融资产快速增长的过程中，为什么中国没有出现恶性通货膨胀？为什么中国没有出现真正意义上的金融危机？这是需要研究的。有人说，中国货币出现了严重的超发，央行要对此负责。笔者对此始终持反对意见。

实际上，在40年的经济发展中，中国创造并维持了一种非常独特的实体经济与金融之间巧妙的杠杆关系。央行非常好地运用了金融杠杆来推动经济增长，运用了独特的金融资源来推动中国经济增长。从这个角度说，中国经济与金融的关系有独特的中国经验。过去 40 年，在没有发生恶性通胀以及未出现严重金融危机的情况下，中国经济和金融总体上看是健康的，中国经济的竞争力得到了全面提升，中国金融的竞争力和健康程度大大超过过去任何时期，且不说与 1978 年、1980 年比，即便与以往任何时期比，都处在不断提升竞争力的状态。学术研究不能望文生义。

笔者暗含的意思是，中国的央行是优秀的央行。笔者始终对中国人民银行给予高度评价，它非常了解中国经济的状况，非常好地利用了金融杠杆推动着中国经济的增长。经济处在不同周期阶段，央行很好地运用了逆周期原则来调节中国经济所遇到的问题。央行很好地进行了一系列金融创新，包括工具创新。央行进行了一系列货币工具创新，没有恪守传统的三大货币调节工具，在创新流动性工具的同时，灵活地调节市场流动性。这里有大量的研究空间和内容，如中国经济发展模式、中国外汇结售汇模式、中国货币发行模式和特点，特别是它们之间的关系。央行创造的一系列货币政策工具，对于加强市场流动性具有很好的调节作用。

与此同时，我们有些政策制定得不是很好。显然，财政政策的首要职能是宏观经济调节职能，遵循逆周期调节原则，当经济衰退时减税降费，扩大支出，帮助经济走出衰退周期。这是宏观经济政策的基本常识。财政政策的首要目标不是确保财政收入、税收收入以超过经济增长速度的速度增长。积极的财政政策不是税收收入以超过GDP的增长速度增长的政策。当然，中国的货币政策从来没有说过要实行扩张型货币政策，一直在说的是稳健中性的货币政策，但实际上中国在相当长的时间里实行的是扩张型货币政策。财政政策没有逆周期概念，宏观经济调节职能仅依赖货币政策一家，由双轨变独轨，单干很吃力。40年来，金融的作用十分巨大，要正确地看待金融指标的变化。

改革开放40年来，中国金融结构的市场化程度在不断提高，其中最突出的表现就是，证券化金融资产比重在提升，现在的规模是110万亿元左右，其中股票大概有40多万亿元，债券有60多万亿元。同时，中国的金融业态已经实现多样化。高科技对中国金融的影响比以往任何时候都更加明显，技术对金融的渗透已经非常全面且深入了。中国金融的进步实际上是由两种力量推动的：

一是基于收入增长和社会需求变化的市场脱媒力量。基于收入增长，社会对金融功能的需求推动了金融脱媒。所谓脱媒，是指脱融资的媒，走市场化道路。融资活动慢慢通过市场来完成，无论是投资还是融资，脱媒的速度都在加快。过去一段时间，市场在中国金融改革中的脱媒作用是被抵制的，而最近脱媒的速度比较快。银行受到越来越大的压力，只要商业银行受到越来越大的压力，就意味着中国金融的进步。如果商业银行没有受到压力，就能获得巨大的利润，就意味着中国金融的落后。金融改革的重要目标是打破垄断，要让商业银行有压力，压力会让商业银行转型，其客户就会下移。我们总说中小企业融资难，因为若有中石油、中石化这样几大企业向银行融资，银行就不会给中小企业贷款；当中石油、中石化这样的大型国企融资走向市场，通过债券或股票融资，不需要银行的贷款时，银行的客户就会下移。客户下移之后，下移客户的需求不能完全满足时，商业银行结构性改革就开始了，金融功能就会变化，这就意味着金融体系在变革。商业银行在中国金融体系中占据着主导地位，它若不变革，中国金融就很难进步。所以，脱媒力量会推动传统金融融资的去中介化。

二是技术的力量。技术会推动金融业态的变化，其中技术脱支付的媒，市场脱融资的媒。支付通过技术脱媒后，形成了数字支付、第三方支付。第三方支付的作用巨大。现在央行准备把支付清算体系纳入央行，将备用金统统纳入央行。笔者现在正在研究这个规则。有人说在新的支付体系里，无论是微信还是支付宝都有存量资金，存量资金的收益有归属问题。笔者在思考，归入央行，这个归属问题难道就解决了吗？它仍然存在。有人说数字支付不安全。为什么不安全？有根据吗？这都是问题，需要进行研究。

可以确信的是，技术推动了中国金融支付功能效率的提升，使得金融在支付功能上不再受时空约束，所有人都享受到了技术进步带来的支付便利和效率。

从金融结构、市场化程度、国际化比例看，中国金融开始具备大国金融的特征，开始具备构建现代金融体系的基础架构。基于此，党的十九大报告提出，中国要构建现代金融体系。

改革开放 40 年来的数据变化说明中国已经具备构建国际金融中心、构建真正意义上的大国金融的基础条件。这就是今天的现实，也是未来的起点。如果说中国金融改革开放 40 年有什么巨大的成就，那就是为中国金融构建具有全球竞争力、影响力的大国金融体系奠定了坚实的基础。

回归金融的常识和逻辑

我们在取得很大成就的时候，通常会忘掉一些常识。这似乎成了一种行为惯性。经济稍微好一些，有些人就蠢蠢欲动，忘记了市场给我们带来的福利，开始觉得人定胜天，主观意志可以凌驾于客观之上了。实际上，在市场面前，人的主观意志是比较弱的，要尊重市场规律。在经济不好的时候，我们才想起市场，希望市场能帮我们渡过难关。这都是常识上的误区。

下文主要介绍金融的常识和逻辑。

改革开放 40 年，金融常识发生了一些变化。什么叫常识？金融常识是什么？笔者指导了一位来读金融博士后的法学博士，他在最高法院工作了很多年，是最高法院的法官，对法律很有研究。笔者曾经问他，什么是法的常识？他想了很久，说这个问题很难回答。这说明常识不简单。笔者的理解是，法的常识是：法的精神起点必须是善良，是惩恶扬善，有善良才能演绎出公平正义。法必须维护这样一种基本价值观：法必须保障人的基本权利；法必须是一种褒扬正义、维护社会公平与正义的机制。在笔者的理解中，这就是法的精髓。说得更简明一点，法必须体现善良和良知。法如果脱离这些常识，就可能滑向恶。法要体现人人平等，人人平等是法的基本价值观。法必须构建一个体现社会前行的规范体系，体现善意的规范体系。如果我是一位法学家，我的内心一定充满着这种情感。

金融是什么？

为什么要讲金融是什么这个常识？因为我们在实践中常常背离金融的常识，破坏金融正常的规律，所以理解常识就变得特别重要。只要尊重常识，社会就一定会前行。也就是说，社会的进步力量来自尊重常识。

金融的本质究竟是什么？有人回答，金融的本质是“融通资金”。这个回答不算错。融通资金可以说涵盖传统金融的基本要点。但金融发展到现在，它可能有新的含义、新的功能，因为影响金融的力量发生了变化，仅仅看融通资金是不够的，还要看以什么方式融通资金。

融通资金固然重要，风险的跨期配置可能也非常重要，这是放在现代金融框架下去理解。金融的本质就是风险，任何一项金融活动都有内生的风险。这实际上是在告诉人们金融风险是消灭不掉的，因为金融内生着风险。试图消灭风险，把风险控制在萌芽状态，这就完全背离了金融常识。深刻理解这个常识，就可以制定出符合现代金融规律的政策和法律规范。金融的本质内生着风险，风险可以配置，但不能消灭。

怎么理解金融风险和金融危机？

有人谈到金融风险很害怕，谈到金融危机更害怕。风险是金融与生俱来的，从风险到危机有一个复杂而漫长的衍生过程。有时候可能只是风险的种子，不见得会变成风险。如何看待金融风险变得非常重要。从风险到危机至少要经过几个阶段：个体风险、局部风险、系统性风险、全面金融危机。理论研究必须找到风险衍生过程的节点，要知道在哪些节点中会扩大它的风险乘数。

几年前，笔者与同事们一起写了一本名为《股市危机》的书，专门研究 2015 年股市危机，并对世界各国金融危机产生的过程做了梳理，包括：1987 年的“黑色星期一”，它是现代金融史上第一次金融危机；日本 1990 年前后泡沫经济带来的危机；1998 年亚洲金融危机和俄罗斯金融危机；2000 年纳斯达克市场危机；2008 年美国次贷危机引发的全球金融危机；2015 年中国股市危机。这些危机在全球金融危机史上具有典型意义。研究这些危机案例非常有意思，每次危机都有不同的逻辑衍生过程，因为每个国家的经济发展模式不同，对外部资本的依赖程度不同。

如果把这些实例研究透了，中国一旦遇上这种情况，就有可参考的经验。在逻辑上我们要将其梳理清楚，分类研究。不过，东南亚国家金融危机的过程和教训对我国的参考意义可能有限，因为国家太小了，它们的经济对外依存度很高，外资占比很高，经济发展模式过度依赖外国资本。

日本需要研究，美国更需要研究。这两个国家所出现的情况对中国有重要的借鉴意义。我国与日本在文化上有相似性。日本的房地产泡沫和中国的房地产泡沫，疯狂程度很接近，只不过中国金融采取了分业模式，虽然房地产出现如此大的泡沫，但金融大体上是安全的。日本的银企合作模式，业务相互渗透，交叉持股，有人认为这是很好的模式。笔者历来反对这种模式，我们必须把实体经济风险与金融体系隔离开来，从产权、控股权上就要分离，不要让实体经济危机影响到金融体系。实体经济出现问题不可怕，一个行业、一个企业出现问题，市场的力量会弥补空缺；金融体系一旦出现危机，将产生深远的巨大破坏力。

中国金融必须要有风险隔离墙，这是这些年来我国在金融领域做得最正确的一件事。有一段时间，我们盲目崇拜日本的银企模式，其实日本的银企模式不适合于中国。虽然我国房地产有巨大的泡沫，但金融是安全的；虽然股市出现如此巨大的危机，但我们的金融体系是安全的。这得益于我国的分业监管、分业发展模式。这个模式对当时的中国乃至今天的中国仍然是恰当的。我们必须要研究美国金融体系及其结构。美国是个金融大国，要认真研究美国的金融体系及其结构，它们有很多值得我国学习的地方。

客观来说，美国的金融模式相当科学，结构非常富有弹性，对风险的处置非常有效率，有很强的再生能力。2008 年金融危机对美国而言，只有短暂的两三年影响，通过几次量化宽松就解决问题了。2018 年，美国的金融体系恢复为全世界最有竞争力的。一次重大金融危机发生十年后金融体系还有如此强大的竞争力，我们必须研究其中的奥妙。中国未来的金融体系要有结构弹性，要走市场化模式、开放的道路。封闭的金融体系一定是脆弱的。如果市场化程度不高，一切融资、金融活动都要通过传统商业银行来完成，中国的现代金融体系是不可能建设起来的。

研究这些实例之后会得出一系列结论，可以得知哪些环节是需要控制的。图 10－1 为股市危机形成逻辑简图。

从日本和美国来看，房地产泡沫是金融危机的导火索。房地产泡沫如果在金融体系不断放大，危机很快就会来到。所谓的“明斯基时刻”是指什么呢？它是指资产收益率低于债务成本时，危机就会很快到来。日本就是在房地产抵押品收益严重低于债务收益率的时候，开始爆发危机。2015 年的股市危机也印证了这个道理。从金融风险到金融危机是个漫长的过程，潜在风险变成现实风险实际上也有个过程。很多风险在金融体系中会自然消亡，不要害怕它们。我们需要深入了解从风险到危机的每个节点。

金融结构会朝什么方向变化

一个国家金融的进步在于结构的变革，而不在于总量的扩张。

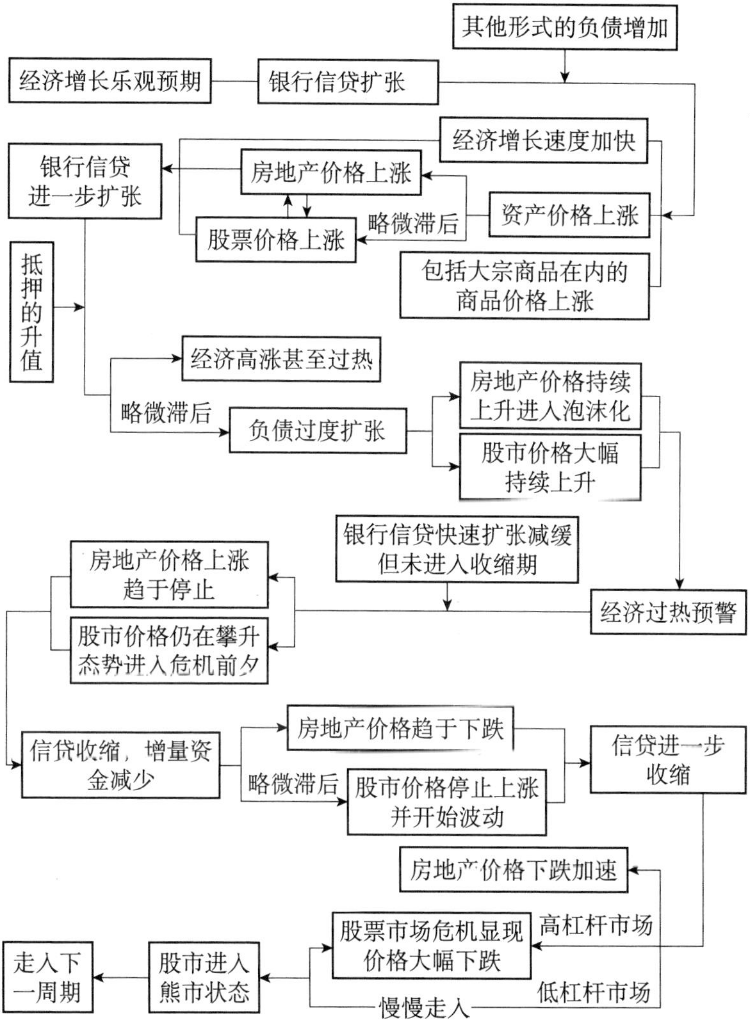

图 10－1　股市危机形成逻辑简图

前文提到金融资产由 40 年前的不到 3 000 亿元人民币变为现在的 360 万亿元人民币。相比于总量的变化，更重要的是结构发生了变化。证券化金融资产比重在提升，规模在扩大。结构变化会使一个国家金融体系的功能发生变化，会使得这个国家的金融体系更具弹性。弹性来自金融结构的改革和调整。中国金融结构正在朝着市场化方向变化，其中证券化金融资产的比重不断提升，这个提升是必然趋势。为什么说这是常识或者金融逻辑呢？因为经常有报道称有些人在看到商业银行居民储蓄存款下降时会出现强烈的担忧，认为金融出了问题，却不知道这是正确的方向。如果居民储蓄存款以超过居民收入的速度增长，就意味着居民新增收入会越来越少地流向资本市场，这个国家的金融体系就会变得越来越传统、越来越落后、越来越缺乏弹性。有了这个常识才能正确看待居民资产分布的变化。当居民资产更多地投向非储蓄存款时，意味着这个国家的金融体系开始走向市场化，结构更富弹性，是正确的方向。有些人没有这样的认知和理论判断。

金融业态的多样性是一个基本趋势。中国的金融业态不能仅仅处在单一业态之中，不能让金融统统回归传统商业银行。有一个时期，笔者对金融监管有不同的意见，那种监管似乎要把所有金融活动都赶回商业银行。这不行啊！这会使金融回归落后。实际上，居民收入增长之后，居民对金融的需求越来越多，必须通过多样化的金融业态提供多样化的金融服务，单一的金融业态已不能满足需求。中低收入阶层也有财富管理需求，虽然现在理财市场准入门槛降低了，但仍有一定的最低要求。只有当 1 元也可以理财时才是最好的财富管理服务，这需要相应的金融业态才能实现。笔者对新的金融业态期望很高，它做了很多传统金融所不能做的事情，但总有一些人想围剿它。他们不知道数字支付和数字理财做了“开天辟地”的事，让中等收入阶层每个月扣除消费之后即便只剩下1 000元它也有增值功能。谁能为1 000元提供增值服务，谁就是最好的金融服务。中国金融不能总是盯住王健林、马云等人，不能只想着如何为富裕阶层服务，而要提高普惠性，要为中低收入阶层服务。大多数人处于中低收入阶层，应该为他们提供相应的金融服务，这就是普惠金融。

普惠金融的核心要义是每个人都有机会得到金融服务，包括支付、财富管理、融资等。收入低不是得不到金融服务的理由，为此必须创造新的金融业态。如果你拿500元让大银行为你理财，大银行当然不干，因为成本太高；而有的新金融业态哪怕只有1元钱都可以为你理财。为什么不支持它呢？很多人拿出1 000元、2 000元做理财，总额就可能达到几百亿元、上千亿元。实际上，我国在普惠金融方面调门很高，做得不好。一旦要落地，比如发展第三方支付，有人就拿出冠冕堂皇的理由，以国家金融安全为由，抑制金融业态创新。为中低收入阶层提供金融服务会影响金融安全吗？笔者认为是不会的。让新金融业态服务于中低收入阶层，监管部门可以对新金融业态进行透明度监管。往往有人提出很多大口号、大帽子，用来吓唬人。有什么证据证明数字支付使国家金融不安全了？突破中国金融制度不容易，新的金融业态难得突破了传统思维、传统技术障碍。

金融是要有普惠性的，不能只为大企业服务、只为富人服务。当然，富人可以得到定制服务。例如，富人可以到米兰去定制一双5万元的鞋，但生产者不能只为富人做一双5万元的鞋，而不做其他的鞋。大多数人还是要穿着100元、200元的鞋。显而易见，金融要为这些中低收入阶层服务，这就需要进行金融创新。只有通过金融创新才能完成金融的普惠性使命，因此要正确看待金融业态。没有多样化的金融业态，就不可能有丰富多彩的金融服务。如同学术上的“百花齐放、百家争鸣”，金融也是这样的，仅有几家银行是不行的。金融业态多样性是提供多样化金融服务的前提，也是实现普惠性金融的基本路径。

关于金融脱虚向实

学者们有一个习惯，即思考问题背后的逻辑。有一个词说得比较多，即“脱虚向实”。这个词本意是金融要为实体经济服务，金融不为实体经济服务就没有太多存在的必要。金融的生命力来自实体经济，金融的繁荣来自实体经济的繁荣，这是常识。学者们还会思考，资金为什么会趋向资产管理、PE、VC、保险？为什么有些实体经济缺资金？从理论上说，如果这个国家的市场经济是高度发达的，市场有一种均衡的力量，在资源配置中能实现均衡，那么应该不会出现所谓的“脱实向虚”。因为在市场经济中，资金是逐利的，通过市场的力量可以实现各个领域的相对均衡。

如果企业有成长潜力，就能吸引到资金；如果企业没有成长潜力，就不能向其投入资金，因为这类企业本身就是供给侧改革的对象。环境污染、产能过剩的企业是不会流进资金的。华为缺资金吗？“独角兽”企业缺资金吗？它们不缺资金，VC、PE 去了，银行贷款也去了，因为风险资本知道这种企业有成长性。资金是逐利的，资金或资本的流动是要计算回报率和风险程度的，这就是资本流动的规律。无论商业银行还是市场资金，都会对风险有这样的判断过程。不要主观地认为，金融机构或市场必须把资金贷给缺资金的企业，万一企业还不上贷款，由谁负责？我们不要过分相信某个部门、某个机构的主观作用，不要以为它们站得高、看得远就一定看得清，还是要相信市场的力量。市场经济的灵魂就在于市场有能力在收益与风险之间达成平衡。

如果认识不正确，政策就会扭曲。这样的改革会给未来带来很多问题。比如，P2P 出了一些问题，有人说这是脱实向虚带来的。P2P 中有坏人，他们打着互联网金融、P2P 的旗号行坑蒙拐骗之实，对这种人要依法严惩。但的确有一些正常的 P2P 在严监管之后流动性没了，活不下去了。为什么有段时间会突然集中爆发危机？这是有一些政策原因的。理解金融逻辑对于金融监管政策的制定很重要。我们要遵从金融发展规律，制定有利于稳定金融预期的政策。

关于去杠杆

很长时间以来，笔者一看到这个词就有些忧虑。这个词的意思是要降低杠杆率，降低负债率，让经济处于相对安全的状态，这个想法是正确的。但一个词讲得太多就会出现歧义。金融无法去杠杆，但有人就想去杠杆。这种去杠杆的行动就是严监管，开始把原来正常的金融创新停掉。那些金融创新是干什么的？有很多是在为实体经济特别是中小微企业服务的。中小微企业在表内拿到银行贷款是很难的，只能通过银行表外和影子银行才能融资，虽然资金成本提高了，但还是能融到资金。事实上，很少有民营企业能从表内拿到贷款，多数民营企业通过银行表外和影子银行贷款。但是去杠杆主要涉及这些方面——银行表外和影子银行。去杠杆的核心是试图降低负债率。降谁的负债率？既然国有企业的负债率不好降，就只好降民营企业的负债率。这些企业可能本来很正常，但流动性一收缩就不行了。

金融创新无非有两个领域：一是商业银行主要在表外创新，因为表内创新很难，受到资本的约束。二是技术创新。这两种金融创新带来的是工具创新和资产多元化、融资工具的创新、资产结构的变革、金融业态的创新，是金融创新的重要内容。这些创新与为中低收入阶层和民营企业服务有重要关系。在传统金融体系中，对富人的服务是重点，对大型国有企业的融资服务是重点。金融为什么要创新？传统金融对中低收入阶层和小微企业的服务严重缺位或者不足。通过金融创新，它们才可能得到相应的金融服务，它们获得资金的成本可能比表内高，但好在有相对稳定的资金渠道。成本高一些是可以理解的，因为收益与风险是匹配的，这种渠道的风险比较高。如果把这种渠道切断，民营企业、小微企业的麻烦就大了。

总之，笔者认为，“杠杆的结构性调整”比“去杠杆”要好。

金融监管是什么

金融监管主要是指制定一系列规范人们行为的准则，约束并收敛风险。你若遵从这些行为准则，风险就可能不会爆发，即使爆发，也会处在收敛状态，金融危机发生的概率大幅度降低。金融监管能消灭风险吗？显然不可能。有人以为，加强金融监管就可以消灭风险，这是幼稚的看法，是门外汉的看法。风险是永远不会消灭的，金融存在一天，风险就存在一天。无论是市场化金融还是中介金融，都是这样。这涉及金融监管的核心理念。制定金融行为规范和准则的目的是减少金融风险，而不是消灭风险。金融监管通过相应的制度设计和技术指标，促使风险衰减或收敛，进而降低出现金融危机的概率。为什么要认真研究现代金融的风险特征及其形成？因为这对制定相应的监管准则很重要。为什么新金融业态、互联网金融有时会出现一些问题？是因为我们没有制定一套与互联网金融相匹配的金融监管准则，没有形成相应的风险衰减机制。

为什么中国商业银行总体状态比较好？是因为我们总结了多年的经验和教训，特别是在巴塞尔协议Ⅲ的基础上，按照中国的实际情况制定了中国版的巴塞尔协议Ⅲ。我国严格按照这个规则来监管商业银行。中国金融出了一些问题，但中国商业银行总体上是健康的。这说明定位清晰的规则很重要。资本市场总有些动荡，是因为规则的精髓没有把握好。互联网金融是第三金融业态，资本市场是第二金融业态，这两种业态在准则制定和风险理解上有一定的差别。实际上，资本市场最重要的是透明度，透明度监管是资本市场监管的基石，必须把透明度监管放在特别重要的位置。

资本市场包括《中华人民共和国证券法》在内的各种法的体系，为什么是“蓝天法”？是因为这些法的核心就是要保证市场的透明度。证监会的工作重点是保证市场的透明度，理解这一点非常重要。至于股票定价，与证监会没有关系。证监会监管的重点是，上市公司是不是按照规则进行信息披露。在美国的特殊时期，美联储出于稳定整个金融体系的考虑，会偶尔干预市场，对此美国证券交易委员会（SEC）并不完全赞同。我国的证券监管部门很辛苦：市场跌得太多，不舒服；涨得太高，也不舒服。证券监管部门的工作不好做。实际上，证券监管应回到透明度监管上。证券监管不能因为市场周期的变化而变化，证券监管永远只有一个标准，那就是透明度。监管手段成为影响市场趋势的重要机制，这可不行。市场变化有其自身的规律，要尊重市场规律。如果市场变动真的到了影响整个金融体系安全的时候，央行会出手的。央行是维护金融体系稳定和安全的最后的机制。市场监管部门只需负责监管市场透明度。

我们要深刻理解金融监管的核心使命，不要因市场变化而表现出强弱不同的监管。从这个意义上说，笔者不太喜欢强监管、严监管之类的提法，喜欢依法监管、规范监管。监管没有周期变化。

为什么要进行金融创新

为什么要进行金融创新也是需要研究的问题，它涉及金融创新与金融监管的关系。对中国来说，金融创新是推动中国金融进步的重要力量，是中国金融不断进步的根本动力。中国金融还处于相对落后的阶段。判断金融创新是否恰当的标准是：金融创新一定是来自实体经济的需求。这不仅仅指产业的需求，也指老百姓的需求。老百姓呼唤新的金融服务，我们就要创造出这种金融服务，不能漠视实体经济和老百姓对金融创新的呼唤。有人就想，能不能有一家金融机构既可以提供保险类金融服务，又能做资产配置，还能保证必要的流动性？但中国没有这样的金融机构，因为我们的金融制度不允许。如何满足客户和实体经济的需求是判断金融创新的唯一标准。能最大限度地满足客户的需求，而且服务是低成本、高效、便捷的，这样的金融创新应该得到支持。

金融创新包括两个层面：制度创新和技术创新。制度创新包括工具、结构、服务、体制等一系列创新。工具创新很重要，包括融资工具和资产类型的创新。央行创造性地提供了大量便利性融资工具，为金融机构特别是商业银行的资金流动性提供了很好的组合。现在的问题是，面对实体经济的融资需求，工具和制度创新是不够的。例如，老百姓要得到银行贷款很难，又如提前还房贷往往要额外支付一定的费用。这是因为一切规则的制定都是以金融机构自身的利益为先的。金融创新本质上是要挑战这种垄断。社会、居民、企业需要便捷的金融服务，设置各种关卡的金融服务不应被保护。

所以，要进行制度创新、工具创新和市场创新。例如，要进行资产配置，股票很重要。我国的股票市场上多是工业时代的重化工业企业的股票，缺乏成长性。我们要改革中国的股票发行体制，要认真理解资本市场的功能。

资本市场的功能是什么

有人说资本市场是融资的地方，这种理解有偏差。我们最初的确把资本市场作为融资的场所，认为其是传统金融融资的机构外延伸。正是因为这种理解，我们在很多规则上会重视为融资者服务、为上市公司服务，将投资者的利益放在次要的位置上。其实，资本市场最重要的是财富管理，之所以如此，是因为传统金融体系、商业银行没有财富管理的功能，而资本市场有财富管理的功能。资本市场有财富管理功能意味着，资本市场上的上市公司一定要有成长性。这就是资本市场的逻辑。资本市场上的基础资产要有成长性，上市公司要有成长性。成长性来自哪里？显然不是来自成熟企业。成熟企业创造了辉煌的历史，但这类企业是没有成长性的。成熟企业已经创造了辉煌的历史，也就有了明确的定价，接下来就可能慢慢衰退了。

创造辉煌历史的企业有时候会成为资本市场的包袱；相反，处于青年时期甚至少年时期的企业往往是最好的企业，虽然它目前有些缺点，有不足，有亏损，但由于它处在青少年时期，未来很有希望。我们在选择上市公司时，制定上市标准时，对企业的未来考虑不多。资本市场被简单地定位于融资的市场，把银行信贷的原理嫁接到资本市场中来，这样的理念是不正确的。实际上，在资本市场中，上市公司的灵魂是成长性而不是成熟性，企业过度成熟意味着其没有成长性。这就是中国经济增长速度在资本市场上没有体现出来的原因。1990 年中国 GDP 是 1 万亿元，2017 年是 83 万亿元，但市场并没有反映出中国经济这样的成长性，是因为来源于实体经济的这些上市公司过去多注重历史业绩和现状，对未来的成长性关注不够，以至于腾讯、阿里巴巴、小米等企业要到境外上市，剩下了钢铁、煤炭、水泥等传统企业。这样的市场怎么会有成长呢？这些传统工业企业重要吗？当然重要，中国现代化建设没有现代化的钢铁企业怎么行呢？房地产发展没有水泥企业怎么行呢？但是它们没有成长性。

当把资本市场定位为财富管理的市场，你对上市的标准就会调整，就会基于企业未来的成长性，就不会重历史、重现状、重盈利。这就是资本市场的逻辑。

M2 和 GDP 之比的内涵是什么

M2 和 GDP 之比更多地蕴藏着中国经济和金融独特的关系，体现的是一种金融深化的趋势。这个指标有中国内涵。我们很巧妙地运用了金融杠杆去推动经济的发展，使得中国经济在改革开放 40 年来没出现重大问题。

如何建设中国国际金融中心

建设新的国际金融中心是中国金融的战略目标。这既是常识也是逻辑。十年前，我们的研究结论是，到 2020 年，上海、深圳一定会成为全球新的金融中心。现在看来，十年前的结论有点乐观。2010 年，笔者在为证监会规划 2020 年日标时认为，到 2020 年，人民币一定可以实现完全可自由兑换，中国资本市场一定会成为仅次于纽约市场的全球第二大金融中心。截至成文的 2018 年，只剩下两年的时间了，看来实现起来有点儿困难。但笔者确信这个目标会实现。因为按照大国金融发展的历史经验来看，大国都是全球金融中心，中国作为一个大国，正在朝着这个方向迈进。在 2018 年的博鳌论坛上，习总书记的主旨演讲提到，要扩大开放，特别是要加快金融开放。所以，笔者认为，未来几年中国金融开放的速度会加快。人民币国际化是绕不开的——我们在非常小心地推进人民币的国际化。虽然人民币在全球市场的影响力不是特别大，在全球储备市场、贸易结算市场只排在第四、第五位，但人民币在特别提款权（SDR）中的份额达10.92%，排在第三位。

笔者认为，2020—2030年，中国国际金融中心这个目标一定能实现。建设全球新的国际金融中心对中国来说比加入WTO更重要，它会从根本上推动中国社会现代化，推动中国社会融入国际社会，推高中国社会的法治化水平。因为当我国市场中的资产是全球配置的资产，我国是全球金融中心时，国际社会会对我国的法治水平提出很高的要求，对契约精神提出很高的要求。从这个意义上说，类似于我国加入WTO后大幅度提高了中国人对保护知识产权重要性的认识，当我国成为国际金融中心，我国也会大幅度提高本国的法治水平，这会对中国现代化进程起到意想不到的推动作用。将中国资本市场建设成国际金融中心，这无论对中国社会的现代化还是对中国经济持续增长，都具有战略性意义。

（本文由吴晓求教授于2018年12月4日在人大重阳系列讲座中的演讲整理而成。）

11.

重新认识“中国政治改革落后于经济改革”的说法

杨光斌*

我们说的国家权力也指政治权力，政治权力往往代表着国家权力。当然，国家权力的概念更广泛，由四种权力构成，包括：经济权力、意识形态权力、军事权力、政治权力。其中，政治权力是其他三种权力博弈的结果。例如，1949 年新中国成立时，共产党权力是怎么来的？从没有政治权力到有政治权力，当然是先掌握军事、经济、意识形态的权力。毛泽东在延安的时候除了管党，就管意识形态——枪杆子和笔杆子。

讲到中国政治与经济的关系，很多人会不假思索地说，经济改革不错，政治改革滞后。同意这个说法的人特别多。下文就这个问题展开讨论。

* 中国人民大学国际关系学院院长。

苏联输了，中美赢了

1965—1980 年，苏联、美国、中国都在大危机之中。

苏联在 1927—1974 年经济高速增长，但此后经济不行了。而 1980 年代后几位重要领导人又相继去逝。经济危机、社会停滞、政治僵化、领导人接班问题，让苏联难以承受。

美国在 1960 年代中期有两场运动：一场是民权运动，另一场是反越战运动。当时，从东到西，从南到北，凡是有人居住的城镇都有黑人暴动。当时尼克松的政策是尽量炫耀武力但不使用武力。到 1970 年代，黑人问题才基本告一段落。此时，反越战运动仍风起云涌。从 1965 年到 1970 年代中期，华盛顿纪念碑广场上经常集结几十万乃至上百万人。

2008 年以后我们讨论美国危机时说第一次危机是在 1960 年代，尤其到 1970 年，由石油危机引起的经济通胀。看社会科学，1970 年代末至 1980 年代初，西方社会科学都是“我们怎么玩不下去了”，比如著名的民主理论家罗伯特·达尔最有名的书《多元主义民主的困境：自治与控制》等都是关于这方面的东西。

中国在 1966—1976 年处于“文化大革命”时期，处于危机之中，在此不必赘述。

结果，苏联解体了，而中国和美国目前的状况还不错。

笔者说还不错，是因为得出一个体会：国家与国家比较，不是比谁多好，是比谁多难，比谁能渡过难关。社会科学是超越个体、集体的，要从整个结果来看。所以从国家层面来讲，中国和美国目前看起来还不错。

为什么中国、美国赢了，苏联输了？

1984 年，戈尔巴乔夫上任以后，改革进行不下去了，他写了《改革与新思维》一书，提出公开化、透明化、民主化。苏联之所以改革不下去，是因为有苏联共产党庞大的利益集团羁绊，这是根本阻力。戈尔巴乔夫从 1987 年开始搞政治改革，催生了一个竞争对手——叶利钦，两三年就把共产党搞没了。苏联按西方说法是党国体制，党没了，国家就没了。

至于美国，1981 年里根总统上台，靠新自由主义经济改革解决危机。这是很残酷的，就是自由化、市场化。那时，美国的反对浪潮特别猛烈。例如，里根的二女儿就跟里根断绝了父女关系，她认为里根作为总统失去了人性，没有资格做她的父亲。但到 1983 年以后，美国经济就好转了。

在中国，党的十一届三中全会从意识形态、理论上拉开了改革的序幕。真正改革的领域是经济，从家庭联产承包责任制、城市企业承包制开始。

为什么苏联输了，中美赢了？理论意义是什么？恐怕要重新思考很多习以为常的说法。

国家理论的解释

习近平总书记在2012年上任后，沿着当年邓小平南方谈话的路线视察时有一番将近两小时的讲话，当时听得笔者眼睛一亮。他说：“我不赞成那种笼统认为中国改革在某个方面滞后的说法。”也就是说，他不同意政治改革落后于经济改革的流行说法。这说法讲得最凶的是经济学家，因为某些人有本位主义。

我们常说的国家权力也指政治权力，政治权力往往代表着国家权力。当然，国家权力更广泛，由四种权力构成，包括：经济权力、意识形态权力、军事权力、政治权力。其中，政治权力是其他三种权力博弈的结果。例如，1949年新中国成立时，共产党权力是怎么来的？从没有政治权力到有政治权力，当然是先掌握军事、经济、意识形态的权力。毛泽东在延安的时候除了管党，就管意识形态——枪杆子和笔杆子。

从国内外历史来说，政治权力是结果。但生活中遇到问题时，如遇到腐败，人们可能会说是体制问题，而体制问题就是政治权力问题。什么体制没有腐败？有人可能会想到美国、英国这些“自由民主”国家。然而有大量案例表明，发展中国家实行美国体制后出现的腐败比中国还多，比如印度、菲律宾。

中国女孩把男朋友带回去见妈妈，妈妈会告诉小伙子好好听领导的话，好好工作，这是上一辈对下一辈的期望。在印度，挑女婿的一个标准就是他所在的职位能不能搞腐败、谋私利。在菲律宾，“豆腐渣工程”叫作“影子工程”。它是指国家制定预算后，利益集团说服某个地区的建筑商虚拟一个计划，经国会、政府部门批准，钱下来以后三家瓜分，其实并没有实际的工程。

我们在生活中听到太多：一有问题就是体制问题，而体制问题有一个理想的坐标，就是美国。然而，很多实行美国体制的国家腐败不少。政治权力是结果，经济增长 6.5%还是 7%，对一个国家没有根本影响；而政治乱了，顷刻间这个国家中人们赖以生存的结构就没了。中国晚清的戊戌变法和苏联改革均认为所有原因是体制原因，从体制下手，结果国家政权很快被搞掉了。

美国自建国以来已有 200 多年的历史，从农业资本主义（其实就是奴隶制）到工业革命，后来进入工业资本主义，20 世纪中期后又搞起金融资本主义。经济体制发生了革命性变化，但美国宪法没变，想变也变不了——美国开国之父规定，如果要修宪，第一个条件是获得参众两院三分之二的同意。这很困难。

美国经济体制变化那么大，政治体制没有改革过吗？没改，也改不动。因为改不动，所以枪支泛滥。这些东西都写在宪法中，没法修宪，枪支泛滥就没法遏制。有民意调查显示，80%～95%的民众强烈要求禁枪、控枪，尽管如此，民意在法律面前仍显得非常软弱，毫无力量。国际恐怖主义每年危害到的人类生命不超 1 万人，但在美国，每年死伤于枪击的能达 3 万人左右。

美国的情况说明政治与经济的关系不像我们想的那么简单。

美国哥伦比亚大学一位中国问题专家黎安友（Andrew Nathan）在2003年提出，从1974年第三拨民主化开始，70多个国家倒了，中国倒下是早晚的事儿。但是，中国不但没倒，反而越来越强大。黎安友因此提出“韧性”威权主义的概念，认为中国这一威权主义体制的弹性空间很大。

从历史到现实，所谓的政治改革滞后于经济改革的说法，可能要重新认识。

改革开放40年来中国为什么能发展得不错

改革开放以来，中国发展得还不错，逻辑是什么？总结下来有八个字：“坚持方向，混合至上。”

怎么坚持方向？《邓小平文选》中提到，1978年12月份召开党的十一届三中全会以后，马上进入理论务虚，会议从1979年1月份开到3月份，还要继续往下开。中宣部觉得这个会不能无限制地开下去，需要一个总结，要找人讲话。但没有人愿意讲话，中宣部只好找到邓小平。

邓小平答应得很爽快。他讲了四项基本原则，定了调子，即我们要改革。社会主义改革怎么搞？在不知道怎么搞的情况下要守住共产党领导权问题，一旦守不住，一切就都没了。因此，改革的起点非常伟大。

世界上有很多成功的革命，但很少有成功的改革。革命较为容易，敌人、目标非常清晰，组织动员、反对敌人就可以；而改革是动自己的奶酪。中国的改革之所以能成功，是因为邓小平把握住了方向。

戈尔巴乔夫改革，首先动了基本盘，两年之内把共产党斗得稀里哗啦。1987 年至 1991 年，知识分子、工人阶级都在风起云涌地反对苏联共产党。苏联矿工几十万人动不动罢工，而苏联知识分子是改革、反攻的急先锋。结果，苏共没了。这些知识分子到中国人民大学来要喝二锅头，因为在苏联喝不起酒了。这是知识分子的遭遇，更别说苏联工人的遭遇。

因此，不要听经济学家说得很美，说去国有化跟老百姓一点关系都没有，苏联就是非常典型的案例。这就是邓小平和戈尔巴乔夫的高低之分，两人一比不是一个量级的。

说邓小平伟大，结果现在大家都以邓小平作比较，比如说莫迪是“印度邓小平”。考虑到印度的体制，怎么可能？在印度，公益组织成千上万，莫迪想建厂、开山，各种公益组织让他没法做。最后莫迪一气之下关闭了 9 000 多个 NGO 的账户，让它们没法运行，否则改革没法弄。即使这样，日本和我们在印度争高速铁路开发权，结果日本赢了，但是两年下来征地还不到两公里。莫迪怎么可能是“印度邓小平”呢？

“自发秩序”与“民本秩序”

如今，中国和很多国家不一样，很多国家是“自发秩序”，而中国是“民本秩序”。

“自发秩序”的第一步是有市场经济。

没有市场经济就没有竞争，进而没有更多创新，没有更多财富。不管有人多么不喜欢市场经济、劳动雇佣制，它们都已经出现了，是不可能回到市场经济之前的。如果一个国家想拥有财富，没有市场经济是不行的。

党的十一届三中全会召开前，邓小平访问新加坡。李光耀跟邓小平说，华人世界里只有中国没有发展，其实最应该发展的正是中国，因为中国人脉很深，受过教育的人都在大陆，到马来西亚、新加坡的都是渔民。中国大陆怎么富不起来呢？肯定是路子有问题。邓小平不说话了，一根接一根地抽烟。他回来以后就不一样了，开始搞市场经济。

市场经济必然会导致社会分化、贫富不均。

市场经济是能者的天下，而人的能力是不一样的。像北京人，家国情怀很大，谈政治；上海人搞金融证券。社会分化必然会产生马云、马化腾这样的人，而像我们这样的大多数人只能读书，再按部就班地做公务员或下班后想着明天干什么，计划怎么发财，第二天起来却又跑到办公室。穷人的党是“穷人党”，富人的党是“富人党”，这是不受控制的“自发秩序”。19 世纪，党都是阶级政党，是按照富有程度划分政党的。多党政治是代议制民主，选出来由其立法、决策；而代议制民主的结果是寡头政治，由少数人掌权。

笔者研究民主理论十来年，反思了很多；而西方学者对自己的自由主义民主体制的反思更深刻、更多。

2014 年，普林斯顿大学和美国西北大学的两位教授研究了 1981—2011 年 30 年间美国的 1 881 个政策案例，看哪些案子最后成为法律、哪些没有。研究发现，富人集团提出的诉求基本变成法律、政策，而穷人等弱势群体提出的诉求变成法律的，不及前者的三分之一。该研究的结论是：美国不是民主国家，而是寡头国家，充其量是寡头民主国家。

关于这个问题，可能有人会提出疑问：你说体制有问题，但美国很不错，比如人民富有。西方人喜欢把这些东西归结为好体制、好制度，这是结果。但是，富有怎么来的？笔者的总结是“两进一出”。

“一进”是通过战争直接掠夺。1895 年《马关条约》签订后，中国共赔偿日本 2.3 亿两白银。日本有了这笔钱，1905 年就在中国东北发动了日俄战争。战争掠夺对西方国家而言是很常见的。

另外“一进”是全世界购买西方的工业制造品。1840 年，东西方的工业生产总值差不多；到 1980 年，西方国家的工业制造品占到 90%，全世界都要消费西方的东西，财富由此滚滚而来，结果就是它们有钱搞福利政治，建立福利国家。

“一出”是指工业化消灭农民，新的阶层兴起。“一出”是怎么实现的呢？走人。有资料显示，1800—2000 年，爱丁堡人口数量逐渐降至 20%以下。苏格兰人都到美国、新西兰、澳大利亚去了。1900—1930 年，意大利总共有 5 000 万人，走了 600 万人，但这没有解决国内矛盾，最后产生了法西斯。墨索里尼政权诞生的时候，美国国务院给墨索里尼发电报：“祝贺你，避免了社会主义民主政权的产生。”

所以，“自发秩序”的第一步是实行市场经济；第二步必然会产生社会分化，如贫富不均、地域问题、城乡问题等；第三步是富人们想搞党。

将“自发秩序”和“民本秩序”两条道路做比较，能得出两组数据：“1∶9”和“1∶150”。

“150”是指第二次世界大战以后新兴的国家约有 150 个。这个数字是根据联合国成立时会员国有 54 个，现在约有 200 个计算得出的。对每个国家来说，150 是大数据，这个大数据告诉我们，没有一个国家因为实行自由民主　　就是走美国式道路——而走向发达。

“1∶9”是指有 10 个人口过亿的发展中国家，其中，亚洲 6 个（中国、印度、孟加拉国、巴基斯坦、印尼、菲律宾），非洲 2 个（埃塞俄比亚、尼日利亚），美洲 2 个（巴西、墨西哥）。这 10 个国家中只有中国是民主集中制，其余 9 个都是“自发秩序”。中国和印度在国家治理意义上相对具有可比性，和其他国家的可比性不强。因此，我们常拿中国和印度进行比较。

外交部驻印度大使分享了一次有趣的经历：中国代表团到孟买——孟买在印度的地位相当于上海在中国的地位，印度人问代表团："你们上海比孟买落后多少年?"我们代表团一听，傻了，但还是回答："落后很多年，等你们指导。"半年以后，印度代表团回访上海，代表团团长掐自己的大腿："醒醒，这不是纽约，这是上海!"

还有一个有趣的故事。我国某领导人访问印度，从机场到国宾馆的一路上锦旗招展，上面有字。翻译说上面写的是："我们赶快发展，否则中国就赶上我们了。"

其实，中印在一些领域也不具备可比性。如印度孟买、德里改造贫民窟，因涉及侵犯产权等社会问题，按它们的改造速度，需要 1 500 年。

中国的国家治理理念

从历史来看，过去 100 年是各种极端意识形态轮番上演的过程。从 1900 年开始，陆续出现了几种主要意识形态：1900—1930 年，主要鼓吹放任自由主义；1930 年代，凯恩斯主义兴起，随后崩盘；1930—1970 年代主要是苏联模式斯大林主义；70 年代至 80 年代初，里根、撒切尔开始推行新自由主义。

再好的意识形态如果极端化，最后也要破产、崩盘。为什么?因为不符合人的需要。人有利益上的分化，利益分三六九等，这是客观存在的。纵向来看，不同阶层有不同需求；横向来看，人的观念有左中右。任何单一意识形态都只能满足一部分人的需求。

因此，一个国家（可能）有不同价值观，有主流价值观，也有其他分支。

调查显示，中国人的价值观是以治理为导向的意识形态。中国老百姓谈民主，其实是在谈民生诉求。以治理为导向的意识形态是指人的需要差不多，意识形态不极端化、单一化，公共政策有包容性。

怎么包容？中国政治有几个层面，最核心的是政体。宪法规定，我国的根本政治制度是人民代表大会制度，人民代表大会制度实行民主集中制。民主集中制就是我国的政体。在延安就是这样界定的。

外国人很难理解民主集中制，因为外国人的思维方式是二元对立的。中世纪以来，社会发展的基本线索是：首先是教权与皇权对立；教权淡化后，接着是皇权、国家权力和商人、社会权力的对立。社会一直是二元对立，因此形成了二元对立的思维方式。二元对立界限分明，二元不可调和，这是西方历史决定的思维方式。

在延安，曾有西方记者问毛泽东，民主和集中怎么能够融合呢？外国人不懂，但是对中国人来说，这是很自然的，先民主后集中，没有好的民主就没有好的集中。

根本政治制度有几个层面：

一是中央和地方关系，有民主，有集中。

集中是指中央和地方的关系是政治单一制，地方权力由中央授予，地方立法必须跟国家法律一致。

经济上，改革开放40年来实行“经济联邦主义”，权力下放，其实是中央和地方权力共享，比如税收上有国税、地税，中央和地方共享。有些人不懂中国财政体制，光凭财政报表就认为，北京、上海、广东、山东、江苏、浙江五个省市是财政盈余，其他省（直辖市、自治区）全部亏空。其实，中国财政体制是分税制，60%的税收交到中央，再转移支付；各个省看起来是赤字，转移支付以后就弥补了亏空。

二是政府与市场关系。

一方面，国家引领经济发展。比如国家发改委牵头的各个政府主管部门，对推动经济发展起着很大的作用。

有所谓的市场派经济学家称，所有政府规划都是失败的，不应由政府主导。这种说法既不符合现实，也不符合西方国家的历史。在西方国家，现如今很多科技工程是国家规划主导的。让民营企业搞这个东西也有成功的，但人家资本主义搞了几百年，如果没有国家力量和人家竞争，怎么可能竞争得过呢?

另一方面，企业在决策过程中有权，能在一定程度上影响决策。

三是国家与社会的官民关系。

一个是集中，一个是民主。集中体现为对四类社团严格规制，包括：法律类、政治类、民族类、宗教类社团；经济组织、文化组织需要登记——现在在国家民政系统登记的不下150万家。

决策过程，我称之为协商共识型民主。

政治是分层次的，不能用一个概念解释所有层次。

1. 公共政策。如《中华人民共和国物权法》涉及每个人，出台过程中上千万人参与讨论，是制度法协商。

2. 部门决策，称为市场压力型协商。例如，如今大家觉得手机打车软件很便利，但它也带来了安全问题。这种打车方式在很多国家、地区（如中国香港）不能合法化，因为它冲击了既有的利益集团、行业工会。

可以说，中高级政府官员都是在市场经济中成长起来的，有问题找市场已经成了他们的思维定式。在我看来，经济关系市场化是应有之义；但如果社会关系、政治关系都市场化，那么这个国家就可怕了。生老病死等社会性问题若都市场化，很多老百姓是承担不起的。政府部门太亲市场的思维定式，应该进行反思了。

3. 地方决策，是抗争型或对谈型协商。地方官员若有决策侵犯老百姓利益，老百姓就会起来抗争，双方通过协商，让彼此都能接受、满意。

例如，粤港高速公路建设前有三个方案：第一个方案是平地过，第二个方案是下沉式，第三个方案是全封闭式。政府和民众通过谈判最终确定了一个方案，政府比原来多花费了 13 亿元，工期多了近两年。最后，老百姓把高速公路边上的公园叫作和谐公园。这种案例在地方决策中特别多。

4. 基层治理是民主恳谈，有民主恳谈会。但是，若真给你民主权利了，你又不一定会行使。如笔者所在社区，电梯人货不分，损耗大，老化严重，需要更换。但两年过去了仍然没有解决这个问题，因为没有业主委员会，而没有业主委员会的同意，重大资金就没法花。理论上要民主、要自由，社区是实实在在行使民主权利的场所，但居民又不能真正行使民主权利，这真令人着急。

总　结

我们要重新认知政治，总结为以下几点。

不变的是宪法体制，变的是各个领域，中央和地方的关系、政府与市场的关系、国家与社会的关系都发生了结构性、革命性变化。而这些非政治领域之变——民生变化、社会关系变化，强化了政治性宪法体制。这些看起来不是政治的政治改革如今还不错，当你形成这样的认识的时候，就是接受了这个宪法体制。

我们要问到底什么是政治？形式上，党政关系、中央地方关系、政府体制都是政治；但是实质上，政治是治理能力。我特别推崇亨廷顿在1968年所撰写的《变化社会中的政治秩序》中的第一句话："国家与国家的区别不是政治体制，而是统治程度。"国家与国家的差别在于政府的治理能力，而不在于形式。这个治理能力就是民生，是最大的政治。

那什么是"好政治"？是民主、权威、法治的动态平衡。现代性的一个根本标志是人民主权，但是这个权力是在权威的秩序中发生的，没有秩序，大众权力最后可能变成民粹，也可能变成法西斯。民主也可能变成坏东西。托克维尔说“民主是多数人的暴政”；托克维尔的学生说，民主会变成阶级立法，多数阶级为自己立法，侵害少数人。民主会变质，权威也会变质，因此需要法治。

无论是民主还是权威，法治都是用来分配、约束权力的。福山说，美国是否决型政体，因为多党制、利益集团，以及亨廷顿提出的“法治主义”。

封建制是高度稳定的，而美国是一帮现代社会的英国人误打误撞跑到新大陆建立起来的国家。因此，亨廷顿说美国是未经革命提前到来的一个现代化社会，但是政体是封建的都铎政体。都铎政体中一个非常重要的特征就是法治主义，一切以法律为准绳。

现代社会中，政府要推动社会往前走，而法治主义约束政府，因此我们提倡法治。但是，法治到什么程度？有了民主、权威、法治的动态平衡，一个社会大概不会差到哪儿去。没有民主，治理再好，老百姓也不同意；没有法治，没有权威，民主太多，就会乱。这些东西都是在第三次民主化转型以后总结出来的。

我们常听到资本主义民主、社会主义民主，那是不是还有封建主义民主？其实都铎政体就是封建制。为什么控枪难？因为这块地是我的，外人不能侵犯，这就叫封建制。法国行业工会也是封建性，行业工会封建制度到 2018 年，马克龙涨那么一点点汽油费，黄背心运动来了。还有很多国家，如菲律宾、印度、孟加拉国、巴基斯坦等发展中国家，其社会结构都是封建制，社会结构没改，民主来了，结果更难发展。

（本文由杨光斌教授于 2018 年 12 月 11 日在人大重阳系列讲座中的演讲整理而成。）

12.

中国银行业40年回顾、现状与展望

董希淼*

有人说银行会在21世纪消失，笔者认为在金融科技浪潮下，银行不但不会消失，还会变得无处不在。有个概念叫“开放银行”（Open Bank），银行借助API或SDK，在保证数据安全、保护客户隐私的前提下，将数据和标准开放出来，与很多合作伙伴及第三方深度连接，创新产品和服务，让客户不用直接通过银行就可以享受银行服务。

本文主要分享三方面的内容：一是回顾中国银行业40年的发展历程，二是谈谈中国银行业发展现状，三是展望中国银行业未来的发展。

* 中国人民大学重阳金融研究院高级研究员。

银行业改革开放的起点

中国银行业改革开放的起点是 1978 年。

回顾中国银行业改革开放的起点，就不得不提及邓小平同志的讲话。2018 年是改革开放 40 周年。邓小平同志是改革开放的总设计师，很多人关注他在党的十一届三中全会之前所做的那个报告，即《解放思想，实事求是，团结一致向前看》。那篇报告非常重要，他在 1979 年 10 月 4 日发表的《关于经济工作的几点意见》也很重要。这篇文献多年来有很重要的指导意义。邓小平旗帜鲜明地提出，经济工作是当前最大的政治，经济问题是压倒一切的政治问题。

小平同志讲话中关于银行的内容虽然不多，但现在看来仍然非常有指导意义。“必须把银行真正办成银行”，现在我们仍没有做到这一点。他还强调，任何单位要取得物资，要从银行贷款，都要付利息。现在看，这句话稀松平常，因为这已经成为大家的共识和常识；但在当时，这句话还是非常有针对性的。小平同志这次重要讲话之后，中国银行业改革和开放才真正开始，这是个起点。

银行业改革开放有两个维度：一是对内深化改革，二是对外扩大开放。对内深化改革分为两个部分：一是经营体制机制的改革与完善，二是监管体制改革。这构成了银行业改革的重要部分。

银行业对外扩大开放，可以分成四个阶段，后文详细论述。

总的来说，1978 年至今，我们在深化改革方面做了大量工作，而且取得了显著的成绩。现在的中国银行业资产规模居全球第一，盈利能力居全球第一，中国银行业逐步由大向强转变。扩大开放也取得了一些成就，但还有很大的提升空间。改革开放 40 年来，银行业的关键词是“改革”，未来的关键词可能更多是“开放”——以开放促改革。

银行业改革历史回顾

改革开放 40 年来，银行的经营机制改革、体系完善可以大体分成四个阶段：

第一阶段：1978—1992 年是专业化转型阶段。

第二阶段：1993—2003 年是商业化转型阶段。

第三阶段：2004—2016 年是市场化转型阶段。

第四阶段：2017 年开始，中国银行业进入高质量发展转型阶段。

第一阶段：专业化转型

1978 年之后，为了适应经济体制改革，银行业从机构体制上打破了中国人民银行“大一统”格局，开始探索专业银行的企业化发展。现在经常把中国人民银行叫成“央妈”，当时的“央妈”

什么事儿都干，既当爹又当妈，因为只有它一家。如今的几家大银行自 1978 年开始相继成立或分家，中国农业银行恢复设立，中国银行从人民银行分出来，中国建设银行从财政部分出来。中国建设银行原来是财政部的一个内设机构，承担资金拨付的职能，财政部通过建设银行给重大项目拨付资金，这种资金不是贷款，而是财政资金。当时有句话叫“计委点菜，建行埋单”。中国工商银行自 1984 年从中国人民银行分设出来，现在工商银行最大，大家叫它“宇宙行”，实际它年纪最轻。中国银行、交通银行历史都超过 100 年。

第一阶段是专业化转型阶段，是为适应从“计划经济”向“有计划的商品经济”转变的需要。在这个阶段，银行业开始探索多元化的发展。

在这个阶段，一些股份制商业银行陆续成立，如 1987 年招商银行、中信银行相继成立。现在共有 12 家全国性股份制商业银行，这是我国银行体系里最具市场活力、最具创新意识的银行群体。前段时间，在中国银行业协会领导下，笔者参与编写《全国性股份制商业银行三十年》一书，以纪念股份制商业银行 30 年。

这个阶段，银行机构虽然有一定的经营自主权，但权限非常有限；金融产品以存贷款为主，比较单一。

第二阶段：商业化转型

1992 年，党的十四大之后，中国经济制度进入向社会主义市场经济体制转变的新阶段。自1993年开始，银行业开启了商业化改革进程。1978年之后的专业银行，逐渐成为商业银行。比如，四大行原来叫国有专业银行，现在成为国有商业银行。在这个过程中，我们干了什么事儿呢？分离了政策性金融和商业性金融，形成以国有商业银行为主体、多种金融机构并存的金融组织体系。1993年，三家政策性银行相继成立，政策性业务被剥离给这三家银行。当然，现在国务院将国开行明确定位为开发性金融机构。1999年成立了四大资产管理公司（AMC），剥离了1.4万亿元的不良贷款。时隔20年，现在不但有“四大”，各地还成立了大量的地方资产管理公司。

有一句顺口溜生动地反映了我国国有专业银行向国有商业银行转变的过程，叫“工行下乡，农行进城，中行上岸，建行破墙”。在这个过程中，银行业商业化机构占比提升，一些股份制银行相继成立。

第三阶段：市场化转型

从2004年开始，银行业进入市场化转型阶段。一个标志性的事件是，2004年国务院启动国有商业银行股份制改制，推进建立现代金融企业制度。这是一次非常重要的改革，甚至可以说是整个中国金融业改革最成功的一件事情。2004年开始，对如何改制有几套方案。戴相龙任央行行长时曾提出一套方案，即四大国有商业银行延续原来的做法，即利用财政资金注资，把不良贷款剥离给四大资产管理公司。2003 年开始，周小川就任央行行长，他主导了国有商业银行股份制改制，采取外汇储备注资的模式，为此 2003 年年底专门成立了中央汇金公司，分别向建设银行和中国银行注资 225 亿美元，开启了四大行股份制改制的进程。

为什么说这次四大行改制是中国金融业最成功的改革呢？上文提到，1999 年四大行剥离了 1.4 万亿元不良贷款给四大资产管理公司，那么到 2002 年年底四大行的不良贷款率是多少？按当时“一逾两呆”的口径统计，不良贷款率是 21.2%；如果按五级分类标准来衡量，2002 年年底四大行不良贷款率是 26.1%；除了建设银行不良贷款率为 15%左右，其他三家银行的不良贷款率都超过 20%，农业银行不良贷款率达到 36.6%，即超过三分之一的贷款是不良贷款。当时，不少国外人士认为，中国银行业已经“技术性破产”了。现在，中国银行业规模、盈利位居全球第一。2018 年英国《银行家》杂志公布的全球十大机构中，前四名就是中国的四大行，这实属不易。

所以，这次改革非常重要，也非常成功。这次改革通过国家注资、财务重组，彻底消化历史包袱；按照《中华人民共和国公司法》《中华人民共和国商业银行法》对国有银行进行股份制改革，还引入境外合格投资者，既“引智”（智力）又“引制”（制度），完善公司治理与内控管理，并在境内外公开市场上市，接受市场监督。如 2005 年 10 月，建设银行率先在香港上市，拉开了四大行上市的序幕；2006 年 6 月，中国银行在香港上市；2006 年

10 月，工商银行在上交所和港交所同步上市，是当时全球有史以来最大的首次公开募股。有人认为，引进海外战略投资是国有资产贱卖。当然，笔者不认同这样的观点。

四大行股份制改革是一项重大举措，我国正逐步建立一个多元化、市场化的银行体系，国开行等政策性银行完成了股份制改造。12 家股份制银行进行改革创新，有些开始到境外设机构，并登陆境内外资本市场。城商行上市的不少，跨区域经营也不少。农村信用社进行改制，在省级层面设立了省农信联社，维持县和市的独立法人，改成农合行和农商行。都说中国工商银行是“宇宙行”，农信系统的人不服，认为农信系统才是真正的“宇宙行”。如果全国所有的农信系统放在一起计算，机构数量、资产规模确实超过了工商银行，但目前农信系统没有全国统一的管理机构。

在这个阶段，我国放宽了对民间资本进入银行业的一些限制。从 2014 年开始，微众银行等民营银行开始试点，到 2018 年一共有 17 家民营银行。当然，放宽民营资本进入银行业，成果不光是这 17 家民营银行。在这之前，东部沿海一带很多民营企业已经大量地投资于银行。如在浙江，民营资本持有 75%以上的中小银行股份。

第四阶段：高质量发展

2017 年开始，我国进入高质量发展阶段。2017 年 3 月份开始，随着严监管、强监管政策的实施，如出台“三三四十”一系列文件，整治银行业十大乱象，整个银行业迎来了一次很大的变化。应该说，这个变化是非常痛苦的，也是非常深刻的。变化主要涉及这几个方面：负债端“去杠杆”，包括收紧流动性，降低理财、存单等同业依赖，加大表外融资难度等；资产端“去通道”，包括限制同业空转、严控同业投资、规范影子银行、防范实质性风险，以及促进表外资金回归表内信贷等；业务模式“去池化”，包括打破刚兑、规范资金池、限制多层嵌套、实施穿透监管、防止监管套利等；强化监管能力建设，通过补短板防止监管空白或重叠，通过促进监管协调来加强监管标准统一和数据共享，同时强化监管问责。

当然，现在严监管、强监管节奏整体上有所放缓，因为外部环境发生变化，不确定因素在增多。但严监管、强监管的总体方向不会改变。

银行业监管体制改革

上文简单回顾了我国银行改革的四个阶段，下文主要介绍银行业监管体制改革。银行业内部改革很重要的一方面是监管体制改革，经历了以下几个阶段。

第一阶段：1978—1994 年，央行恢复监管职能。

第二阶段：1995—2002 年，分业监管开始形成。

第三阶段：2003—2007 年，监管体系全面建立。

第四阶段：2008—2016年，美国金融危机以后，监管体系持续调整。

第五阶段：2017年至今，强监管时代到来。

第一阶段：央行恢复监管职能

1978年开始，央行从财政部独立出来，负责所有银行业相关事项。央行于1948年成立，但在1978年之前，特别是在“文化大革命”时期，作为监管部门来说，它实际上名存实亡。央行在1978年从财政部独立出来后，既有央行的职责又办理商业银行的业务，既是宏观政策的制定机构也是金融业监管部门，还直接经营业务。直到1984年之后，央行才将经营性业务转给工商银行。

1983年，国务院发了一个文件，用以专门宣布中央银行成立。1986年发布《中华人民共和国银行管理暂行条例》，在法律上明确了人民银行作为中央银行和金融监管当局的职责。1995年，通过了《中华人民共和国中国人民银行法》，以国家立法形式正式确立了人民银行作为央行的地位。

第二阶段：分业监管开始形成

自1995年开始，实行分业监管体制，其标志是《中华人民共和国商业银行法》通过，银行业改革发展有了法律保障。

1997年11月份召开的第一次全国金融工作会议是个重要的里程碑，这次会议做了很多事情，意义非常重大。实施商业银行改革、成立四大资产管理公司等都是这次会议做出的决定。从监管体制看，开始实施分业监管：一是决定成立保监会，二是决定改革证监会。其实，证监会在1992年就成立了，当时还有国务院证监委，证监会作为证监委的执行部门，它的权限是比较小的。1997年之后，证监会真正成为证券市场的监管者，这样就把证券和保险从央行分出来了，分业监管体系得以确立。

分业监管体系得到进一步巩固是在第二次全国金融工作会议上。该会议决定人民银行不再肩负金融机构监管职责，专门作为制定货币政策、维护金融稳定、进行宏观调控的部门。1995年通过的《中华人民共和国中国人民银行法》，以国家立法形式正式确立了人民银行作为央行的地位，那时人民银行兼有金融监管职责，2002年才成为宏观调控部门，当时决定成立银监会。

第三阶段：监管体系全面建立

2003年，中国银监会正式成立，负责监管银行和进行金融资产管理，信托业的监管从央行移交给银监会。2003年之后，“一行三会”的分业监管体系才定型。但历史验证了那句话——“分久必合，合久必分”，2003年“一行三会”体系正式形成，时隔15年之后又改了，“一行三会”改成“一行两会”，这是后话。

2003年之后，中国银监会正式成立，如果说央行是“央妈”的话，那么现在正式有了“亲爸”。当年年底通过了《中华人民共和国银行业监督管理法》，逐步构建了银行业的监管框架，形成以资本充足率为核心的合规监管框架，还进行了银行的改制。2004 年开始，进入市场化转型阶段，中国银行业协会成立，对外开放步伐在加快。

第四阶段：监管体系持续调整

2008 年之后，监管体系进行了一些调整。2008 年金融危机确实对我国的经济造成了一定的冲击。结合国际金融发展新趋势和我国经济金融发展实际，针对危机中暴露的短板和不足，我国对银行业监管体系进行了一系列的改革与调整。反思 2008 年金融危机，很重要的一点是加强和完善宏观审慎政策，这样才能更好地防范和化解金融风险，防止发生系统性金融风险。党的十九大讲到金融，如“健全货币政策和宏观审慎政策双支柱调控框架”，这是一个非常新的表述。第五次全国金融工作会议成立了国务院金融稳定发展委员会，监管体系进入“一委一行两会”时代。我国金融监管体系还有一环——地方政府。它们在金融监管中的角色和作用，是值得继续研究的问题。

第五阶段：强监管时代到来

近年来的强监管、严监管，确实存在监管节奏过快的问题。强监管、严监管重点针对的一个领域是“影子银行”，笔者更愿意把它叫作“银行的影子”。“影子银行”在强监管、严监管的行动下，被大量快速地压缩。为什么民营企业融资难、融资贵的问题在2018年这么突出？因为很多民营企业并非完全通过正规机构或正规渠道来融资，不少是通过“影子银行”来融资。监管节奏过快，“影子银行”业务大量压缩，最受伤的就是民营企业。有时候我们也在讲，加强金融监管好比“拆雷”。银行业确实有地雷，我们要把这些地雷拆除，而不是直接引爆。“拆雷”和“爆雷”的结果都是地雷没有了，但造成的影响完全不同：“拆雷”比较平缓，地雷没了，风险消除了；“爆雷”的杀伤力太大。所以，现在金融监管节奏和力度有所调整，笔者认为这是非常必要的。

对外扩大开放

金融开放是大势所趋。很多研究表明，金融开放国家的经济增长速度高于金融封闭国家。但金融开放会带来一些风险，资本项目开放太快可能会造成很大的冲击。1997年、1998年亚洲金融危机就是个典型的反面教材。应该说，我国金融对外开放取得了很大的成绩，但仍存在很大的不足。伴随着全面开放的步伐，我国银行业对外开放循序渐进，稳步实施，成效显著，有四个阶段。

第一阶段：加入世贸组织之前。

第二阶段：加入世贸组织至2008年金融危机。

第三阶段：2008 年金融危机至 2016 年。

第四阶段：2017 年至今。

第一阶段：加入世贸组织之前

我国银行业对外开放主要配合改革开放的进程，通过引进外资银行，引进外汇资金和改善对外资企业的金融服务，创造了更好的投资环境。为进一步提升对外开放水平，我国银行业对外开放进一步扩大。外资银行业务随着外资企业在我国的迅速成长以及中资企业国际业务的发展而快速发展。这一阶段，外资银行陆续在我国设立代表处或者分行，经营范围主要为外币项下的部分银行业务。

第二阶段：加入世贸组织至 2008 年金融危机

我国银行业在这一阶段的对外开放主要围绕着履行“入世”承诺，采取了一系列自主开放措施。外资银行业务经营范围逐步扩大，外资金融机构开始以战略合作者身份入股中资银行。外资银行人民币业务客户对象从外资企业和外国人逐步扩大到中国企业和中国居民；逐步放松对外资银行在华经营的限制，取消外资银行人民币负债不得超过外汇负债 50%的限制等。同时，在承诺基础上逐步给予外资银行国民待遇。

在这个阶段，标志性的一件事是 2004 年汇丰银行入股交通银行，获得交通银行 19.9%的股份。随后，一批外资银行作为战略投资者开始入股中资银行，尤其是积极参与大型商业银行的股份制改造。一些外资银行还入股股份制银行和城市商业银行，如花旗银行入股广发银行、恒生银行入股兴业银行、法国巴黎银行入股南京银行等。

第三阶段：2008 年金融危机至 2016 年

2008 年全球金融危机之后，我国加强防范银行业风险，加强国际监管协调，防范跨境金融风险，银行业对外开放在一定程度上有所放缓。

随着金融危机的影响减轻，国际金融市场趋于再平衡，全球经济逐渐复苏，我国银行业对外开放的步伐日益加快。2007 年我国针对外资银行提出的法人化等管理措施，在这一阶段不断深入推进。外资银行法人化对防范外资银行跨境风险起到了良好作用。2014 年 12 月，国务院公布《国务院关于修改〈中华人民共和国外资银行管理条例〉的决定》，适当放宽外资银行准入和经营人民币业务的条件，为外资银行的设立和运营提供了更加宽松、自主的制度环境。

第四阶段：2017 年至今

2017 年 11 月 10 日，财政部时任副部长朱光耀宣布了中国金融业新一轮对外开放的政策。从银行业看，我国取消对中资银行的外资单一持股不超过 20%、合计持股不超过 25%的持股比例限制，实施内外一致的银行业股权投资比例规则，我国银行业的对外开放速度、幅度和深度不断提升。2018年2月，原银监会发布《中国银监会关于修改〈中国银监会外资银行行政许可事项实施办法〉的决定》，进一步开放中国银行市场，扩大外资银行在中国的服务范围。同年11月28日，银保监会对外公布修订后的《中华人民共和国外资银行管理条例实施细则》。近期银行业多项市场准入项目获批。

总体来说，银行业对外开放的成绩比较明显。2017年，外资银行在中国的资产达到3.2万亿元，法人机构达39家，经营性机构达1 013家。2017年实现了两个超越，即外资银行在中国内地资产规模超过3万亿元，营业机构超过1 000家。但我国银行业存在明显不足，外资银行在我国的业务发展比较平缓，各项业务占比比较低。特别是2011年之后，外资银行的市场份额在逐步萎缩。2011年，中国内地的外资银行资产占银行业总资产的比重是1.93%，之后逐年下降。到2017年，尽管外资银行在中国的资产超过3万亿元，但占比下滑到1.28%。所以，从长远看，中国银行业的对外开放空间还很大。不开放对我们自身发展不利，与高手过招才能真正提高自己。现在我国银行业对外开放的逻辑是：第一，引入高质量的竞争对手，来提升中国银行业整体竞争效率，提升我们的服务效率。第二，引入更多的机构，增加市场供给主体，促进产品和服务的多元化和多样性，为中国经济发展提供更多帮助。

中国银行业发展现状

前文回顾了银行业改革开放40年来对内深化改革、对外扩大开放的简要情况，下文介绍我国银行业现状，主要包括六个方面。

第一，盈利能力回升，收入结构优化。以上市银行为例。2018年上半年，41家上市银行合计实现营业收入2.31万亿元，同比增长7.28%；实现净利润9 107.55亿元，同比增长6.72%。从收入结构看，上市银行非息收入占比有了明显提升：2018年上半年末，上市银行非息收入占比平均为28.4%，较2017年同期提升了7.38%。在上市银行业绩增长的原因中，大中型银行净息差企稳是带动上市银行盈利回升的重要原因。这一方面得益于2018年上半年央行实施保持合理充裕的货币政策，降低了银行负债成本；另一方面得益于2018年上半年金融机构贷款平均利率提高，提升了生息资产收益率。

第二，规模增速放缓，存贷款占比提升。2018年上半年，上市银行规模增速有所放缓，但资产负债结构进一步优化，存贷款占比提高。2018年上半年，上市银行总资产合计达173.27万亿元，同比增长6.15%；总负债合计达160.51万亿元，同比增长5.71%。从结构看，上市银行贷款占总资产比重为52.32%，同比提升2.0%；存款占总负债比重为74.0%，同比提升0.6%。

第三，零售业务转型初见成效。零售业务做得最好的一家银行是招商银行。招商银行于1987年成立，三十余载磨一剑，就是发展零售银行业务。它在整个银行业里估值是最高的。回顾中国银行业改革40年，如果说哪一家银行是真正的商业银行，那一定是招商银行。它的公司治理非常值得研究，自成立以来，包括现任行长在内一共只有三任行长，战略非常稳定，没有任何一家其他银行能做到。各家上市银行普遍已将大零售业务作为自身发展的战略重点之一。

2018年上半年，股份制银行在各类银行中零售转型成效最为突出，7家上市股份制商业银行（不含华夏银行和浙商银行）零售业务收入总计2 220.7亿元，较上年同期增长17.2%。当然，平安银行非常激进，对标招商银行发展零售业务，但是能否持续有待观察。在中国银行业，零售业务的转型是很值得关注的现象。但有些银行非常着急，急功近利，是有问题的。

第四，资产质量趋于稳定。“趋于稳定”一词的内涵很深刻。坦率地说，笔者对中国银行业资产质量有一些担心。2018年上半年，上市银行不良贷款余额为1.37万亿元，整体呈现上升趋势。其中，关注类贷款占比平均为2.86%，较上年同期有所下降。从不良贷款率看，上市银行的不良贷款率总体水平企稳，2018年上半年43家上市银行不良贷款率均值为1.50%，与2017年同期基本一致。从拨备覆盖率看，上市银行拨备水平显著提高，稳健经营能力得到提升。2018年上半年，上市银行拨备覆盖率平均为

229.04%，较上年同期提升 15.54%。

第五，资本充足率有所提高。2018 年上半年末，42 家上市银行（不包括九江银行）一级资本充足率平均为 10.49%，较 2017 年同期提升了 0.37%。2018 年上市银行一级核心资本充足率较上年同期基本持平，上半年末 42 家上市银行一级核心资本充足率平均为 9.75%。整体上看，核心一级资本充足率对银行规模扩张的限制依然存在，尤其是中小银行资本充足率有待提高。未来，银行存续在表外的资产还将持续“回表”，高风险权重的信贷资产对资本的消耗加大，中小银行核心资本补充压力不容忽视。很多业外人士认为，“央妈”2018 年四次定向降准，又搞了一个“特麻辣粉”，又给你们钱了，你们应该多放点贷款。其实，不是把钱给银行就能放贷款，银行除了流动性还有资本约束。为什么要补充资本？资本充足率不足，银行还是不能放贷款，银行放贷款不是那么简单的事情。所以，现在补充压力大。为什么那么多银行要上市，最核心的诉求就是补充资本。

第六，子公司制稳步推进。2018 年上半年资管新规落地，要求满足条件的商业银行针对理财业务设立子公司。在这一政策指引下，上市银行中的中小银行开始积极探索设立子公司。截至 2018 年，已有 27 家银行宣布将发起设立理财子公司。预计监管部门将很快批准同意银行设立理财子公司。2017 年 11 月，监管部门批准设立了第一家直销银行子公司——百信银行。银行系的金融科技子公司也正在设立之中，目前已经成立了七八家。

中国银行业未来展望

中国银行业未来的发展可能有以下方面。

第一，开放加快，市场竞争加剧。虽然未来有很多不确定性，但银行的开放一定会加快，竞争一定会加剧。过去 40 年中国银行业的发展，改革是重要的推动力。当下的关键词是开放。我国通过深化改革和扩大开放，双线重构银行业的格局，一是增量改革，二是存量改造。开放包括三个方面：降低准入标准，简化审批手续，扩大业务范围。通过这三个方面引入更多的外资银行。

未来，银行业市场竞争会加剧，这毫无疑问。中国银行业法人机构截至 2017 年年底有 4 249 家。如果把信托公司、财务公司、汽车金融公司、消费金融公司剔除在外，真正的银行（包括农信社）大概有 3 900 家。所以，现在的银行数量不少，竞争越来越激烈。上市银行 2018 年上半年的存贷款增速较上年同期均呈现出下滑的趋势。2018 年上半年，上市银行贷款余额达 90.66 万亿元，存款余额达 118.79 万亿元。从增速的角度看，2018 年上半年上市银行贷款平均增速为 16.47%，较 2017 年同期下降了 2.15%；存款的平均增速为 8.78%，较 2017 年同期下降了 3.69%。严监管背景下，同业、理财、表外业务成为重点监管对象，存款仍然是最主要的负债来源，重要性日益突出。市场上有限的低成本存款是银行盈利能力的“压舱石”，成为当前银行竞争的主要目标。

第二，回归本源，服务能力增强。上文提到，银行存款在总负债中的比重、贷款在总资产中的比重都在回升。这是银行回归本源的体现。落实国家战略、服务实体经济，是银行的本职、本色，更是金融实现可持续发展的根本源泉。银行要努力跟进国家重大决策部署和重大工程，包括促进区域协调发展，加大“一带一路”倡议金融支持力度，服务中资企业走出去和人民币国际化发展等，要努力培育新动能，支持创新驱动发展，支持自贸试验区建设，改善消费金融服务。当下，还要进一步做好民营经济和小微企业的服务。

在服务国家战略、服务金融薄弱环节的过程中一定要坚持市场化、法制化这两个原则，否则有可能重蹈“四万亿”的覆辙。“四万亿”的教训非常深刻。现在都在强调加大信贷投放，预计2019年银行净利润增速会提升。十年前，不少银行求着企业办贷款，现在好像出现了类似的情况。

第三，业务转型，综合经营加快。为应对利率市场化和满足客户多元化金融服务需求，各家银行纷纷布局综合经营，发挥多牌照优势，强化多条线联动，从传统的信贷提供向资源整合转变，落实“以客户为中心”理念，做实、做强综合金融服务。整体上看，银行业综合经营不仅有利于实现银行与非银行金融业务的协同，同时，宏观层面对于改善社会融资结构能起到积极作用，微观层面则可提高银行业抵御经济周期波动冲击的能力。

我们还要看到，随着银行业务结构优化、业务模式转型，员工结构将因此而发生变化。未来，部分银行总人数可能减少，但部分银行对人才的投入仍在增加，尤其是对金融科技、互联网技术、产品和营销专业人才队伍的建设投入较大。总之，我国银行业不存在大规模裁人的问题，分支机构网点也不会被大量撤并。

第四，创新引领，科技深度融合。创新不断深化，金融科技的确是银行业转型创新的重要驱动力，金融和科技将会更深度地融合，从简单“拼接”走向深度“融合”。银行业一直以来是先进科技应用的先行者和典范，如世界上第一台大型计算机用户就是美国银行。随着互联网金融风险专项整治工作的持续深入，以银行为代表的正规金融机构的金融科技会得到更快更好的发展。说到金融科技的具体技术，要么是“ABCD”，要么是“ABCDT”。“ABCD”是指人工智能（AI）、区块链（Blockchain）、云计算（Cloud Computing）、大数据（Big Data），“ABCDT”是指在此基础上加上物联网（IOT）。这些科技在银行业会得到深度应用，正在全面重构银行在客户服务、产品设计、运营模式、风险控制等方面的经营和业务模式。银行业面临格局重塑的洗牌风险，科技将成为决定未来银行实力的核心竞争力。

未来，我国银行业将变得无处不在。有人说，银行会在 21 世纪消失；我认为，在金融科技浪潮下，银行不但不会消失，反而会变得无处不在。有个概念叫“开放银行”（Open Banking），银行借助应用程序编程接口（API）或软件开发工具包（SDK），在保证数据安全、保护客户隐私的前提下，将数据和标准开放出来，与很多合作伙伴及第三方深度连接，创新产品和服务，让客户不用直接通过银行就可以享受银行服务。所以，银行会越来越开放。未来你办理银行业务的时候可能感受不到银行的服务。原来是网点服务，后来特别强调场景服务，以后可能是无场景服务。这就是金融科技的力量。

总之，金融科技推动银行业向三个方向转型：向数字化转型，向轻型化转型，向平台化转型。

第五，合规经营，风控能力要提升。今后有三大攻坚战，首要的是防范和化解重大风险，其重点是防范和化解金融风险，防范和化解金融风险的重点又是防范和化解银行业风险。中国金融体系以银行为主，所以银行在这方面任务很重。“防范化解存量风险、遏制增量风险，促进金融回归服务实体经济本源”是当前银行业监管的主要思路。因此，银行业防控金融风险已成为重点任务。

具体而言，主要是防控三大风险：信用风险、流动性风险、操作风险。防控信用风险，必须坚决执行高风险客户、“两高一剩”、“僵尸企业”的压退政策，管控好“高杠杆”客户风险，优化不良处置组合，加快风险处置进程。当下和未来，银行业资产质量压力比较大，处置存量不良贷款会成为银行业未来几年最大的压力。防控流动性风险，要加大自营存款拓展力度，合理安排信贷进度，优化资产负债结构，拓展多样化融资渠道，开展主动负债，择机发行金融债，加强业务的资产负债期限匹配管理，如对票据、理财等业务设置单独的流动性风险限额等。防控操作风险，要开展关键风险指标检视，完善外包风险管理机制，加强征信合规风险管理，加强信息科技风险管理，对重要系统可用性进行全覆盖监测。

（本文由董希淼于2018年12月20日在人大重阳系列讲座中的演讲整理而成。）

13.

经济下行环境下中国经济何去何从

陈彦斌*

宏观经济实践表明，宏观政策很重要是因为短期的经济稳定和金融稳定很重要。短期金融不稳定会造成金融危机，造成经济崩溃。1929—1933年的美国大萧条就是因为当时对短期经济稳定重要性的认识程度不高，认为市场出清很重要，危机之后留下的企业和银行是优质的和有效率的，可以帮助经济更好地发展。但是，当时经济学家没有想到，市场主义和市场出清原理在宏观经济学中不能简单地直接搬来使用。按现代观点看，这会产生债务通缩，陷入恶性循环，短期问题会长期恶化从而导致经济崩盘。

当前，中国经济需要加大宏观政策力度和加强政策协调。本文主要介绍中国经济的基本情况和我们应该使用什么样的宏观政策来应对当前的经济形势。本文分四个板块：一是对当前经济形

* 中国人民大学“杰出学者”特聘教授。

势的介绍，二是对当前金融形势的概括性分析，三是对目前宏观政策的评价，四是政策建议。

经济形势

2018 年中国经济增速趋缓，下行压力有所加大。2018 年中国 GDP 增速估计为 6.6%。放眼世界，这个增速还是很高的，比 2017 年的增速回落了 0.3 个百分点。尽管这一增速实现了年初预设的“6.5%左右”的增长目标，但是实际上，2018 年的宏观政策并未非常妥善地实现经济稳定目标。当然，中国要实现经济稳定，不是仅仅依靠宏观政策就能达到的，可能还需要进一步推进结构性改革甚至需要其他经济政策的配合。从以下几个方面可以看出经济存在的下行压力。

1. 全年 GDP 增速呈现“前高后低”走势，凸显出宏观政策未能有效应对经济的下行压力。

2018 年一季度和二季度 GDP 增速分别达到了 6.8%和 6.7%，然而，下半年中国经济则是“稳中有变”，三季度 GDP 增速下滑至 6.5%，创 2009 年一季度以来的季度增速新低，四季度 GDP 增速未有改善，只有 6.4%。经济增速的趋缓迹象明显。就业形势上，失业率处在 5%左右的较好水平，但下半年就业形势开始有所变化。从用工需求来看，2018 年下半年以来，制造业和非制造业采购经理指数（PMI）出现了明显下降，双双低于 50%的临界值并处于近年来的低位。从居民实际感受来看，央行的调查数据显示，2018 年三季度就业感受指数（44.2%）分别比一季度和二季度下滑了 1.6 和 0.8 个百分点；就业预期指数（51.6%）分别比一季度和二季度下滑了 2.5 和 0.7 个百分点。宏观政策从实施到效果显现存在时滞，下半年经济下行压力有所加大可能反映出 2018 年宏观政策在稳定经济方面有所不足。

2. 中国以生产法核算的 GDP 增速主要体现总供给的变化；从总需求看，2018 年中国经济的下行压力更为明显。

GDP 核算方法有生产法、收入法和支出法等。近年来，出现了采用生产法和支出法核算的 GDP 差距较大的现象。从 2015 年开始，两者的差距明显拉大，2016 年和 2017 年以生产法核算的 GDP 增速显著高于以支出法核算的 GDP 增速（见图 13-1）。

图 13-1　以生产法和支出法核算的 GDP 增速对比

下文从总需求结构——增长的三驾马车（消费、投资、出口）的角度，进行更细致的分析。

首先，从消费需求来看，居民的商品和服务消费支出增速双双显著下滑。2018 年以来，中国城镇居民的消费需求持续低迷。从城镇居民总体的消费支出看，虽然表面上 2018 年前三季度城镇居民人均消费支出名义增速达到 6.5%，比 2017 年同期提高了 0.3 个百分点，但这主要是由于居住消费和日常生活用品与服务等被动型消费支出增速加快。这部分刚性消费难以由消费者自身主动掌握，较快的增速其实意味着居民的生活成本在上升，并非意味着居民消费意愿增强。剔除被动型消费支出之后可以发现，2018 年前三季度城镇居民人均消费支出增速只有 5.2%，比 2017 年同期下降了 0.3 个百分点，该增速处于 2013 年国家统计局实行居民消费支出新统计口径以来的最低点。

商品和服务两大消费的增速都在放缓。商品消费方面，剔除餐饮收入的社会消费品零售总额增速更能准确地反映商品消费的增速变化。2018 年 1—10 月社会消费品零售总额（剔除餐饮收入）增速仅为 9.2%，比 2017 年同期下滑了 1 个百分点，处于 2000 年以来的同期最低点。服务消费方面，主要是指教育医疗文化娱乐等体验式消费。目前中国对于服务消费规模的统计较为缺乏，一般基于国家统计局每季度公布的居民消费支出的各分项数据进行测算。2018 年城镇居民的服务消费没有延续过去几年的快速增长势头，前三季度的增速仅为 7%，与 2017 年同期相比下滑了 0.7 个百分点，相较于 2012—2016 年服务消费的平均增速更是下滑了 4.1 个百分点。

其次，从投资需求来看，固定资产投资的实际增速已接近于零，民间固定资产投资增速虽有回升但势头并不稳固。

固定资产投资增速 2011 年为 24%，持续下滑。2018 年 1—10 月固定资产投资增速仅为 5.7%，比 2017 年同期下降了 1.6 个百分点。如果进一步剔除价格因素，2018 年 1—10 月固定资产投资的实际增速仅为 0.1%，基本处于零增长的状态。2018 年 1—10 月土地购置费的增速高达 63.4%，剔除土地购置费的影响后，1—10 月份固定资产投资的名义增速将下降至 3.6%，大幅低于当前 5.7%的水平。

对于 2018 年以来制造业民间投资的增长加快，也不宜过于乐观。2018 年 1—10 月制造业的民间投资增长了 9.7%，相比 2017 年同期提高 5.7 个百分点。但本轮制造业民间投资增长的加快主要是与钢铁、建材和有色金属等传统高耗能行业投资的迅猛增加有关。如果剔除高耗能行业的影响，制造业民间投资增速将会从 9.7%下降至 6.9%。再剔除价格因素的影响后，制造业的民间投资增速相较于 2017 年其实并没有很大的改观。长期以来制约民间投资的市场准入限制、税负感偏重以及融资难融资贵等问题不仅没有得到切实改善，一些问题反而在 2018 年更为突出。比如，2018 年民企的融资成本出现明显上升，表现为工业私营企业利息支出快速增长。

我们可以运用增量资本产出比来衡量投资效率，1978 年拉动 1 元 GDP 需要 3.3 元钱，逐步攀升到 2016 年拉动 1 元 GDP 需要

6.6元，也就是需要更高的投资才能拉动同样多的GDP，这说明投资转化为GDP的效率是下降的（见表13-1）。这一点需要引起重视。

表13-1　　　　1978—2016年资本产出比

年份	GDP（%）	资本形成率（%）	增量资本产出比（ICOR）
1978	11.7	38.9	3.3
1979	7.6	37.3	4.9
1980	7.8	35.5	4.6
1990	3.9	34.4	8.8
2000	8.5	34.3	4.0
2001	8.3	36.3	4.4
2002	9.1	36.9	4.1
2003	10.0	40.4	4.0
2004	10.1	42.7	4.2
2005	11.4	41.0	3.6
2006	12.7	40.6	3.2
2007	14.2	41.2	2.9
2008	9.7	43.2	4.5
2009	9.4	46.3	4.9
2010	10.6	47.9	4.5
2011	9.5	48.0	5.1
2012	7.9	47.2	6.0
2013	7.8	47.3	6.1
2014	7.3	46.8	6.4
2015	6.9	44.7	6.5
2016	6.7	44.1	6.6

最后，从出口需求来看，出口增速有所回落，净出口对经济增长的贡献率由正转负。2018年11月前的部分月份，出口表现超

出预期，但这种超预期增长主要与人民币汇率贬值、出口退税政策、“出口抢跑”现象等有关，而这三大因素是不可持续的。有数据显示，在贸易摩擦等因素的影响下，2018 年出口增速比上年有所回落且回落明显。最直观的是制造业 PMI 指标中的新出口订单，在 2018 年 11 月只达到 47.0，远低于 50 临界线，也低于上年 12 月的 51.9，这表明出口形势不容乐观。

3. 效益方面，居民收入增速明显下滑，民企利润显著下滑。

2018 年，全国居民人均可支配收入实际增速没有“跑赢”GDP，前三季度为 6.6%，低于 GDP 增速 0.1 个百分点，比 2017 年同期下降 0.9 个百分点。其中，城镇居民人均可支配收入增速只有 5.7%。不仅如此，城镇居民的人均工资性收入增速（名义增速为 7.7%，下同）不仅低于人均可支配收入增速（7.9%），还大幅低于人均财产性收入增速（9.2%）。由此表明，以工资性收入为主的中低收入群体收入增速低于以财产性收入为主的高收入群体，这意味着在整体收入增速下滑的同时，居民的收入分配格局有所恶化。

对于企业利润，推算增速与所发布的增速的差距非常大。以民营企业为例，民营企业统计局发布的增速为 9.3%，但用利润总额推算的同比增速为－30%，两者相差近 40 个百分点。这说明目前民营企业的生存和效益状况较为糟糕。民企生产经营压力的增大很大程度上源于税费负担的增加与融资成本的上升。比如，国有企业利息支出增速与民营企业利息支出增速 2018 年以来的差距逐渐扩大，国有企业利息支出增速较低，民营企业利息支出增速较高（见图 13－2）。因此，帮助企业尤其是中小型民营企业渡过难关，将是政策下一步的重要考量方向。

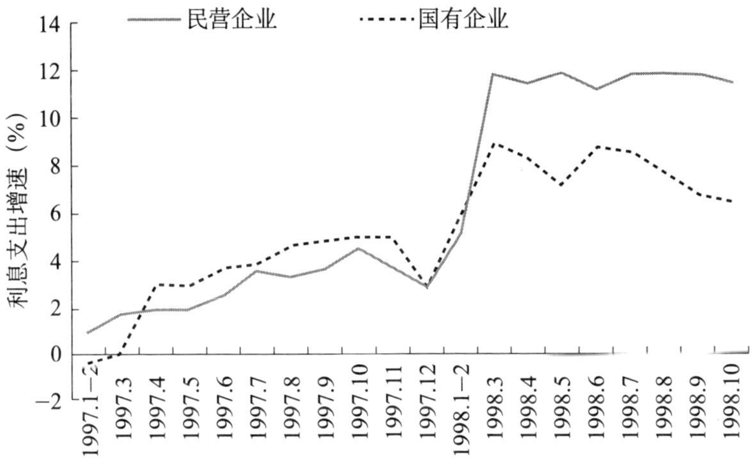

图 13－2　工业规模以上民营企业与国有企业利息支出增速对比

金融形势

评估一个经济体是否会出现较高的金融不稳定性，主要需要提防以下六方面的金融风险：外汇风险、资产价格大幅波动风险、高债务风险、信用风险、流动性风险、不当的金融创新风险。

2018 年部分金融风险状况有所改善，主要改善的是流动性风险与不当的金融创新风险。流动性风险方面，金融机构短期负债占比下降，资产与负债端的期限错配问题得以改善。同时，货币市场利率下行，市场的流动性更加充裕。不当的金融创新风险方面，伴随着金融监管力度的持续提高，过去几年的金融乱象得到一定治理，金融机构的无序扩张势头显著放缓，“影子银行”产值占 GDP 的比重明显下降。

但是，部分金融风险有所增加。一是外汇风险。2018 年，人民币贬值压力有所增加，但总体上风险可控。二是资产价格大幅波动风险。2018 年，三、四线城市房价继续快速上涨，使得潜在的大幅下跌风险进一步增加。同时，股价持续下跌，不仅扰乱市场预期，也显著加大了股权质押大面积违约的风险。三是高债务风险。企业和地方政府债务压力依然较重，居民部门债务风险明显加剧。四是信用风险。商业银行不良贷款率再攀升，债券市场违约风险加大。

总体来看，房地产、高债务与信用违约等威胁金融稳定的“灰犀牛”风险依然较大，2018 年呈现进一步加剧的势头，金融体系的整体稳定性仍需提升。

宏观政策评价

货币政策

多轮降准操作为市场提供了较为充裕的流动性，操作比较及时，力度较大。截至 2018 年 11 月末，央行已经进行了四次定向降准，把大型金融机构和中小型金融机构的存款准备金率均调低了 2.5 个百分点。这四轮降准所释放的资金除了用于偿还到期的中期借贷便利（MLF），还额外释放了 2.3 万亿元的流动性。2018 年，央行通过降准为货币市场提供了较为充裕的流动性。各类货币市场利率中枢普遍下行，进一步反映出银行间市场流动性较为充裕。一是，银行间同业拆借加权平均利率和质押式回购加权平均利率双双下行。截至 2018 年 10 月末，银行间同业拆借加权平均利率和质押式回购加权平均利率分别为 2.42%和 2.39%，分别比 2017 年底下降 0.49 个百分点和 0.72 个百分点，分别比 2017 年同期下降 0.4 个百分点和 0.52 个百分点。二是，Shibor 利率持续下行。2018 年以来，3 个月、6 个月和 1 年期的 Shibor 利率中枢普遍大幅下降，分别比 2017 年末下降了 1.8、1.6 和 1.23 个百分点，分别比 2017 年同期下降了 1.65、1.42 和 1.1 个百分点。

在货币市场利率中枢明显下行的态势下，信贷市场实际利率不降反升，说明货币政策力度还是有所不足。2018 年以来，金融机构一般贷款加权实际利率持续升高。具体而言，一季度、二季度、三季度金融机构一般贷款加权实际利率分别升至 3.88%、4.15%、4.32%，比 2017 年底提高了 0.35、0.62 和 0.79 个百分点。事实上，经过连续三个季度的回升，金融机构一般贷款加权实际利率已经基本恢复到 2015 年第三季度的水平。银行间市场利率很低，但贷款市场利率还在升高，说明这种传递和传导不通畅。回顾 1929—1933 年的美国经济，当时美国的基础货币增速不错，并且当时美国的名义利率下降到很低点，从这个指标看，当时美国货币政策力度已经够大了。但如果按照现代观点来看，美联储在1929—1933年的力度是不够的。这个例子告诉我们，评判货币政策的力度，应兼顾银行间市场利率与信贷市场真实利率，甚至后者更为重要。温州民间借贷实际利率最近在攀升，反映出中小企业融资难融资贵的问题仍然存在。

货币市场的资金也未能有效传导至信贷市场和实体经济。从总量上看，社会融资规模余额增速显著下滑，截至2018年11月末已经降至9.9%的历史低位，比2017年同期下降了2.62个百分点。M2增速也持续低迷，2018年10月份和11月份已经降至8%的历史最低水平。从资金流结构来看，流向房地产的资金占比不断升高，而流向实体经济的资金占比有所降低。2018年前三季度新增贷款中有39.6%流向房地产市场，虽然比2016年第四季度顶峰时期的44.8%有所下降，但是仍然处于较高水平，而且比2017年同期高出0.1个百分点。流向房地产部门的新增贷款持续居于高位，导致流向房地产部门的贷款余额所占比重不断升高。截至2018年第三季度末，房地产部门贷款余额所占比重已经升至28.1%，比2017年同期提高了1.7个百分点，是2015年以来的最高水平。

流向工业和服务业（剔除房地产）等实体部门的贷款所占比重不仅没有升高，反而略微有所降低。2018年以来，流向工业和服务业的中长期贷款余额占金融机构所有贷款余额的比重呈现下降趋势，从一季度的31.35%分别降至二季度的31.09%和三季度的30.91%，处于2010年以来的相对低位。而且，与2017年明显不同的是，服务业中长期贷款余额所占比重出现下滑趋势。

为什么货币市场相对充裕的资金未能有效传导至信贷市场？这是由信贷资金的供给收缩和需求降温两方面共同导致的。就信贷供给而言，2018年以来，为了推进结构性去杠杆，尤其是降低国企债务和地方政府隐性债务，金融监管力度明显加强，限制了金融机构的表外信贷投放。就信贷需求而言，在国际环境恶化、国内宏观税负显著升高、去产能、环保限产等不利因素的影响下，企业经营环境不佳、盈利能力下降，导致其信用需求下降。央行调查数据显示，2018年一季度贷款总体需求指数为70.9%，但是二季度和三季度大幅下降到66.7%和65.2%。

货币政策是总量型政策，但是过多地关注"调结构"，导致货币政策效率下降。为了给小微企业和三农企业尤其是民营企业营造良好的融资环境，2018年以来央行出台了大量举措：其一，定向降准的主要目标是惠及小微和三农企业。其二，将评级不低于AA级的小微、绿色和"三农"债券，以及优质的小微、民营企业贷款和绿色贷款纳入央行合格担保品范围。其三，增加再贷款额度，下调再贷款利率。其四，设立民营企业债券融资支持工具，由央行运用再贷款为民营企业发展提供增信支持。但货币政策"调结构"的效果并不明显。

理论上，货币政策应关注总体经济稳定，金融依靠宏观审慎监管，结构性问题更多的要靠结构性改革或者是财政政策来进行调整。2008 年次贷危机后，全球不少国家运用了结构性货币政策，中国结构性问题较为严峻，所以货币政策或多或少关注了结构性问题，这符合这十年来国际上的一般做法和我国国情。但从经济学原理的角度，货币政策关注结构会导致货币政策调控效率下降，资金没有流向最有效率的板块。结构性问题应该运用其他结构性政策来解决。丁伯根法则认为，宏观调控有多少个目标就有多少个工具，货币政策工具应主要盯住经济稳定目标。我们不能使用一个工具同时盯住多个目标，这样会顾此失彼，影响政策效果与效率。

财政政策

财政政策主要有以下两方面的表现。

一是财政支出力度减弱。就一般公共预算支出而言，2018 年以来支出增速较慢，1—11 月份一般公共预算财政支出累计同比增速为 6.8%，分别比 2016 年同期和 2017 年同期下降了 3.4 和 1.0 个百分点。就政府性基金支出而言，根据财政部公布的数据，2018 年以来政府性基金支出增速显著升高，1—11 月份政府性基金支出累计同比增速达到 38.2%，比 2017 年同期提高了 7 个百分点，这是近五年以来的同期最高增速。需要注意的是，政府性基金支出快速增长的背后是土地出让收入的快速增加，而与之相伴的是征地拆迁补偿、土地出让前期开发、补助被征地农民等成本性支出的同步上涨。政府性基金支出中的成本性支出并不能视为真正意义上的财政支出，而只是与征地农民或者拆迁户之间进行了“等价交换”。扣除成本性支出后，2018 年 1—11 月份政府性基金支出增速将会降至 29.5%。

将两个指标的增速结合起来，也许能够更好地衡量财政政策力度的问题。2018 年以来，一般公共预算支出和政府性基金支出（扣除成本性支出）总和的增速比 2017 年同期偏低。2018 年 1—11 月份，两类财政支出总和的增速为 8.5%，而 2017 年同期为 9.2%。

中国的经济问题不是单靠宏观政策就能够解决的，但是只有通过宏观政策营造一个宽松的经济环境，才能为进一步深化改革开放赢得宝贵的时间窗口，这是宏观政策的战略性意义所在。从这个角度讲，我国宏观政策力度偏弱。

二是各类“准财政”支出力度明显变弱。我们通常认为，具有准政府信用并投向基础设施相关领域的支出即可视为“准财政”支出，主要包括城投债相关支出、政策性银行金融债券相关支出、政府支持机构债券相关支出（含铁路建设债）。这几类相关支出没有官方统计数据，一般用各类债券的净融资额近似替代。此外，PPP 项目聚焦于交通运输、市政工程、城镇综合开发、生态建设等基础设施建设领域，而这些领域恰好是常规财政政策“稳增长”的主要发力点，在一定程度上也可视为“准财政”政策。以往“准财政”是财政政策重要的有力补充，特别是地方性财政政策的力度主要是靠“准财政”支撑的。

其一，2018 年政府支持机构债券的融资额与 2017 年基本持平，但是城投债与政策性银行金融债的净融资额却大幅减少，这两项之和在 2014—2016 年每年均超过 2 万亿元，2017 年下降至 1.69 万亿元，2018 年进一步延续了下降态势，1—11 月份二者净融资额之和仅为 1.15 万亿元。2018 年 1—11 月份，三项“准财政”支出合计金额为 1.31 万亿元，与 2017 年的 1.87 万亿元相比明显下降，与 2016 年的 3.03 万亿元相比降幅更是超过一半。

其二，中央对 PPP 项目进行严格整顿和清理，导致 PPP 落地额明显回落。2016—2017 年，PPP 项目迅速发展。从 2017 年年底开始，中央和财政部出台了大量文件，对 PPP 项目进行严格审查和集中清理整顿，导致 PPP 项目明显降温。一方面，PPP 落地项目金额不断减少，2018 年前三个季度的落地项目金额分别为 9 044亿元、4 884 亿元和 3 135 亿元，增长明显放缓。另一方面，大量 PPP 项目被清理，从 2017 年 11 月底到 2018 年三季度末，累计2 554个 PPP 项目被清理，项目金额超过 3 万亿元。此外，还有很多地区的 PPP 项目被要求整改。当然，清理是有必要的，有助于化解地方债务金融风险，有助于结构性去杠杆。

三是宏观税负显著升高，进一步削弱了积极财政政策的力度。宏观税负有三种口径，最小的口径是税收占 GDP 的比重，这是国外通用的方法。但中国有大量非税收入，将中国税收占 GDP 的比重与国外进行对比不太合适，更合适的是政府总收入占 GDP 的比重。按照新修订的《中华人民共和国预算法》，政府总收入四个板块之和剔除重复部分，2018 年中国宏观税负达到 35.7%，比 2017 年大幅提高 1.9 个百分点。国际经验表明，如果经济处在下行压力之下，宏观税负应大幅度下降，即发挥自动稳定器的功能。但中国税制的特点导致其难以发挥自动稳定器的功能。因为我国直接税占比太低，间接税占比太高。美国个税等直接税占比很高，在经济下行的时候因累进税率个税等会自动大幅下降，从而导致宏观税负下降，即自动实施扩张性的财政政策。我国目前宏观税负上涨速度过快，这是不合适的，需要注意纠正。

总体而言，货币政策和财政政策力度都有所不足，若两者加强力度，经济运行状况可能会更好一些。

政策建议

针对上文提到的问题，本文提出几点建议。

加大宏观政策力度

宏观政策力度应该加大多少需要定量测算。但是，至少在 GDP 下行的时候，宏观政策应该是逆周期调整的，绝对不能出现下降，这一点是确定无疑的最基本规则。

加强宏观政策协调

第一，加强货币政策、财政政策和金融监管之间的协调。

从宏观理论视角来看，加强政策协调有助于提高政策效率，更好地实现经济和金融的稳定。在目前既存在经济下行压力又存在不断加剧的金融不稳定性的态势下，宏观政策协调更有必要。这就既要实行偏宽松的货币政策和财政政策以应对经济持续下行的压力，也要实行偏紧的宏观审慎政策和加强金融监管以应对金融不稳定性加剧。

传统宏观经济理论认为，货币政策和财政政策不应该协调配合，因为这样会丧失央行独立性。但按照现代宏观经济学和当前国际经验来看，在经济下行期间加强货币政策和财政政策协调，有助于以更快的速度实现经济稳定，并不一定会破坏央行独立性。特别是在保持央行独立性的框架下去实施两者之间的协调配合，更不会破坏央行独立性。

第二，加强宏观政策与长期增长政策之间的协调。

凯恩斯主义和货币主义均认为，货币政策和财政政策的作用是显著的，所以依靠宏观政策足以让经济稳定，进而实现长期经济增长。新古典宏观经济学则认为，短期宏观政策的长期效应很小，现实意义不大，因此政策制定者更多要着眼于长期增长中的要素积累、提升生产率和改善两者的基础要素。凯恩斯主义和新古典宏观经济学这两大宏观经济学派，分别着眼于分析短期问题和长期问题。但是，现实经济运行确实需要协调配合，因此应该超出这种宏观经济学门户之见和狭隘的学派认识。宏观政策定位于实现短期经济金融稳定，但无法帮助其实现长期增长。以货币政策为例，短期内由于价格黏性，降息可以通过改变真实利率影响总需求，所以短期效应是存在且显著的。认为货币政策没有任何价值的观点是偏激的。但是，从长期来看，名义二分法和货币数量论是成立的，更多的货币一定会转化为更高的价格水平。因此，从长期来看，货币没有实际效应。财政政策是否存在实际效应，理论上似乎很清晰，但实证研究上的共识还不牢固。

宏观经济实践表明，宏观政策很重要是因为短期的经济稳定和金融稳定很重要。短期金融不稳定会造成金融危机，造成经济崩溃。1929—1933 年的美国大萧条就是因为当时对短期经济稳定重要性的认识程度不高，认为市场出清很重要，危机之后留下的企业和银行是优质的和有效率的，可以帮助经济更好地发展。但是，当时经济学家没有想到，市场主义和市场出清原理在宏观经济学中不能简单地直接搬来使用。按现代观点看，这会产生债务通缩，陷入恶性循环，短期问题会长期恶化从而导致经济崩盘。

对中国而言，通过宏观政策能够创造一个宽松的宏观经济环境，为供给侧改革赢得宝贵的时间窗口，这是非常关键的。

长期增长政策如何实施呢？从宏观经济理论来看，有三大因素影响一个国家的经济增长：一是资本、劳动、人力资本等要素积累，二是提高生产率，三是发挥基础要素的作用。我国改革进入深水区，要进一步推行改革开放和市场化改革，也要更好地发挥政府作用，这样才能提高经济运行效率和资源配置效率。

以上分析表明，虽然短期内的经济金融形势总体可控，但我们要提防一些突出的风险点。只要应对措施得当、力度足够，这些风险点并不可怕。应对措施的核心要义，一是要加大宏观政策力度，实现经济稳定和金融稳定；二是要加强宏观政策协调，以最小的政策代价实现经济稳定。在大宏观视角下采取最优政策组合，既要考虑短期经济稳定，也要考虑长期增长和高质量发展，这样的组合才能帮助应对当前所面临的困难甚至是困境。

（本文由陈彦斌教授于 2018 年 12 月 20 日在人大重阳系列讲座中的演讲整理而成。）

14.

个税改革的争议和解决

吕冰洋*

个人所得税改革牵动全社会的神经。个税改革既是经济问题，体现在维护人民群众切实利益方面；又是法律问题，体现在彰显人民的意志方面；更是社会问题，体现在通过税制改革促进社会和谐有序发展方面；还是国家治理问题，体现在通过税制改革提升国家治理能力方面。个人所得税肩负着众多期望，然而，个人所得税这个小舟，能否载得动这么多的期望呢？

个税改革的要点

“妙手”和“急所”是围棋中的两个术语。围棋是错综复杂的，个人所得税本质上也是如此。在错综复杂的局面中，要抓住要点下出“妙手”；下出“妙手”后，就会出现“急所”，需要一

* 中国人民大学财政金融学院教授、博士生导师，财政系主任。

系列的应对之策。

此次个税改革有以下几个要点。

要点一：对部分劳动所得实行综合征税。1996 年八届全国人大四次会议在《中华人民共和国国民经济和社会发展“九五”计划和 2010 年远景目标纲要》中提出，要建立覆盖全部个人收入的分类与综合相结合的个人所得税制。但是经过了二十多年，个税仍实行分类征收办法。此次个税改革是迈向综合征税的第一步。具体来讲，此次改革把工资薪金所得、劳务报酬所得、稿酬所得、特许权使用费所得四项劳动所得都纳入征收范围。然而，特许权使用费到底是属于财产性所得还是劳动性所得引起了不小的争议。

要点二：优化调节税率结构。以现行工资、薪金所得税率为基础，将按月计算应纳税所得额调整为按年计算，并优化调整部分税率的级距。具体是：扩大 3%、10%、20%三档低税率的级距，3%税率的级距扩大一倍，现行税率为 10%的部分所得的税率降为 3%；大幅扩大 10%税率的级距；现行税率为 25%的部分所得的税率降为 20%。

要点三：提高综合所得基本减除费用标准。基本减除费用标准从每月 3 500 元提高到每月 5 000 元，社会对此关注最为热切。

要点四：设立专项附加扣除。规定子女教育支出、继续教育支出、大病医疗支出、住房贷款利息和住房租金这四项与人民群众密切相关的专项附加扣除。

要点五：增加反避税条款。对个人不按独立交易原则转让财产，在境外避税地避税、实施不合理商业安排、获取不当税收利益等避税行为，赋予税务机关按合理方法进行纳税调整的权力。结合最近娱乐圈的热点问题，此次举措是有所指的，但该条款是温和的，并没有特别说明情节严重的要移交司法机关。

个税改革的几大争议

本次改革方案的目的是增强个税调节分配的力度。但是，改革草案引发了大量社会争议，集中在以下几个方面。

第一，免征额设为 5 000 元到底合不合理？依据是什么？有的人大委员甚至提出，免征额设为 1 万元才行。在北上广这样的城市，生活成本很高，需要提高免征额，而在中西部地区生活成本较低，统一提高免征额是否合适？

第二，最高边际税率是不是还应该保持在 45%？现在全球面临减税浪潮，美国个税最高边际税率是 39.6%，明显低于我国。有的国家试图采用高税率，比如法国奥朗德政府曾经征收富人税，导致大量富人改变国籍。在全球竞争加剧的背景下，为吸引高净值人群，是否还需要将税率保持在 45%？

第三，到底按个人征还是按家庭征？如果按个人征，那么一些费用不是由个人负担的，而是家庭共同负担，比如住房是以家庭名义买的，是夫妻而不是个人在养育孩子，这种情况算作谁的费用扣除呢？如果按家庭征，那什么是家庭呢？不能说一个户口本就代表着一个家庭，因为户口本是可以随时改变的。

第四，增加住房贷款利息和住房租金扣除，会不会对房地产市场产生较大影响？美国 1986 年税制改革是一次影响很大的改革，那次改革允许个税中住房贷款利息作为费用扣除，结果对房地产市场起了很大的推动作用。我国采取这个政策，实际是降低了民众的住房费用，有可能会刺激房地产市场投资。

第五，应不应该增加其他专项扣除（比如赡养老人支出）？

第六，是否应考虑地区差异？每个地区的生活成本不一样，费用扣除是给每个地区设定不同的标准还是全国使用统一的标准？

第七，从税务局角度来看，税务局关心三个“怎么办”的问题。厦门大学杨斌教授在很早以前就提出，针对自然人征税会产生三个问题：一是纳税人不申报怎么办？当纳税人感到税收痛苦的时候，就可能不申报税款了。那么，税务局能不能知道民众没申报的情况呢？二是纳税人虚假申报怎么办？例如，应纳税所得额为 1 万元，如果谎称为 5 000 元，税务局知不知道呢？三是申报了不缴纳怎么办？当纳税人以资金紧张为由不缴纳税款时，税务局是否有足够的强制力量征税呢？

个税改革的制约因素

此次改革的初衷是提高个税调节收入分配的作用。然而，个税对分配的调节作用受到两大先天因素的制约，使其作用不能得以充分发挥。

第一，纳税群体少。衡量个人所得税对分配的调节作用，就是看征税前的基尼系数和征税后的基尼系数的差。如果征税后基尼系数下降很多，说明个人所得税对调节收入分配的作用很强。个人所得税对调节收入分配的作用取决于两点：一是税收累进性，即累进税率设计；二是平均税率，即所有人交的税占所有人收入的比。即使税收累进性很高，比如最高边际税率设为100%，但纳税群体少，个人所得税调节收入分配的作用也是有限的。目前，我国个税纳税人数量不太多，至少一半农民是不需要纳税的。

第二，个税难以对资本实行综合征收并实行累进税率。对资本所得进行综合征税，并实行超额累进税率，行不行？很遗憾，全球都很难做到。因为在全球化时代，资本流动性很强，资本配置方式多样，税收不宜过度干预资本要素配置，不宜实行超额累进税率。个人所得税调节分配的作用先天就被制约了。从中国现实来看，劳动分配份额处于下降趋势，资本分配份额处于上升趋势，这是符合世界潮流的。

由于这两种因素的制约，个人所得税调节分配的作用实际上并不像大家想象的那么大。

当前调节分配的着力点在哪里？十九大报告指出，当前的主要矛盾是人民日益增长的美好生活需要和不平衡不充分的发展之间的矛盾。地区之间发展不平衡不充分，对收入分配的影响很大，这才是改革的要点，或者发挥改革作用的地方。社会保障制度改革、减贫、缩小地区差距和城乡差距政策等，均对调节收入分配发挥着重要作用。

个税改革难调收入分配

总体来看，关于个人所得税调节收入分配问题，有以下几点理性认识。

第一，个税改革难以达成共识，但大家都认为个人所得税能调节收入分配，这个“共识”的科学性需要深入分析。

第二，世界经验表明，用个税调节收入分配，水大而舟小，任重而肩弱，个税改来改去，用力多而收效微。

第三，绝对公平是无法实现的，改革只能在理想与现实中寻找平衡。把所有调节分配希望都寄托在个人所得税身上是不现实的。

第四，影响收入分配的财政手段很多，其效果大多好于个税，比如减贫、社会保障支出、教育支出等。

各国对个税调节收入分配作用的认识是不断深化的。第二次世界大战结束后很长一段时间，一些发达国家将个人所得税边际税率设得非常高，20 世纪 80 年代后，不断降低边际税率，而且让资本所得的税率低于劳动所得。比如瑞典等北欧国家把资本所得与劳动所得彻底分开，劳动所得采用累进税率，资本所得保持比例税率。还有不少国家干脆对个人所得税采取单一税，例如俄罗斯对纳税人所有所得实行 13％的单一比例税率。当前，全球化背景下个人所得税的变革趋势是：政策目标由公平向效率倾斜；引入分类制因素；整体累进性在降低。

个税改革的“妙手”

基于上面的分析，个税改革对调节分配的作用是有限的。那么，此次个税改革的“妙手”妙在哪儿？

笔者认为，这次改革的作用，不在于能调节多大程度的分配，而在于推动了税收征管的现代化。中国90％的税是企业缴纳的，10％是居民缴纳的（不考虑税收转嫁因素）；而美国67.1％的税是居民缴纳的，32.9％是企业缴纳的。这就导致一个问题：中国的宏观税负很难说高，但是由于税压在企业头上，企业就觉得税负重。现在税收征管机制一系列制度安排是针对企业设计的，对自然人的征税机制还没有充分建立起来。

企业是创造价值的主体，税收过多集中在企业，对促进生产发展和经济增长不利。税收集中在企业，导致我国税收征管体系建设围绕企业而转，例如，金税工程是通过发票监控，提高增值税的征管能力；日常的税收稽查，重点放在企业所得税和增值税上。即使是个人所得税，由于我国长期实行分类征收，也可以大量采用源泉扣缴的方式，纳税人无须直接面对税收部门，税收征管机制建设也就不需要在强化对自然人的税收征管上下功夫。

这次个税改革，马上让税务局面临三个“怎么办”的问题，要求征管机制流程再重构，最终推动税收征管现代化，从长远看，有助于推动国家治理能力提高。我想，这是个税改革草案所隐含的真正“妙手”。

个税改革的“急所”

个税涉及国家和社会的关系这个根本性问题，假如个税改革草案最终通过，在个税实施中要应对两个紧迫的问题。

第一，综合治理。个税改革将给我国税收征管机制带来非常严峻的挑战，光靠税务部门的力量是无法胜任个税管理重任的，需要各部门联手合作实行综合治理。一是建立全面的纳税代码制度，让每个纳税人都有自己的税务代码，这个代码可以是身份证号，也可以是社会保障号，这个纳税账号是终身唯一的，逃税的信息都能在账号里体现出来。二是落实个人资产实名登记制，这样有助于监控纳税人的资本性所得。三是推行现金管理制度，为防止逃税，超过一定数额的报酬不准使用现金，只能用银行转账。四是构建全国联网的个人涉税信息平台，因为个人可能在全国各地取得劳务报酬。综合治理需要税务、银行、公安、社会保障等部门联合起来，以税务部门为中心形成合力，这样才能有效打击逃税。

第二，发挥地方积极性。综合治理光靠中央政府是不行的，因为国家那么大，涉及那么多纳税人，因此一定要发挥地方积极性，可以将个税作为省级政府主体税。我国省级政府管辖区域很大，大多数省份就面积而言相当于一个中等规模的国家，在这种情况下，将个人所得税作为省级地方税，从征管便利和征税激励等角度看均有较大优势。

个税改革的最大意义

总结上文的分析，此次个税改革有以下几点重要意义。

其一，个人所得税改革是让纳税人意识苏醒的一招。纳税人意识不光包括纳税人义务，还包括纳税人权利意识。现在税制主要是对企业征税，纳税人意识很难激发出来。这次草案一公布，就像阴天时打了一声雷，让大家的纳税意识苏醒了。

其二，个税改革倒逼税收征管机制进行巨大的改革，进而推动税收征管现代化。

其三，推动国家治理能力的提高。个税综合征收将使得国家对社会的渗透力增加，同时纳税人的义务和权利意识得到激发，两者互动的结果是让国家能更好地回应纳税人的需要，纳税人更加理解政府的一些措施，最终推动国家治理能力提高。这是此次个税改革的最大意义。

（本文由吕冰洋教授于 2018 年 6 月 25 日在人大重阳系列讲座中的演讲整理而成。）

15.

中国经济能否中高速增长，新型政企关系是决定因素之一

聂辉华[*]

党的十八大以来，空前的反腐运动打破了一直以来的政企关系，以此为标志，政企关系进入重塑阶段。这个阶段可以简单概括为："合谋有风险，合作无动力，分立更安全，伤害难避免。"政企分立和政企伤害共存。随着全国政协十二届四次会议期间习总书记提出要建立"亲""清"的政企关系，新型的政企关系正在形成。

本文是笔者关于改革开放以来中国政企关系的一些总结和思考。

---

* 中国人民大学国家发展与战略研究院常务副院长，经济学院教授、博士生导师。

政企关系是中国最重要的经济关系和社会关系

我们为什么要研究政企关系呢？要回答为什么政企关系是当前紧迫的问题，有三件事情不得不提。

第一件事情是中诚信集团董事长毛振华在黑龙江亚布力滑雪场上对着摄像机控诉当地管委会乱作为，主要事件之一是管委会占用中诚信集团买下的土地，这个事件的影响非常大。

第二个事情是皇明集团董事长黄鸣实名举报山东德州市委书记不作为。主要是因为十来年前，他应地方政府的邀请建立了太阳谷（用今天的话来说就是特色小镇），政府当时同意给其一块地，但一直没有兑现。随着土地价格上涨，越往后这块地越不可能移交。

第三件事情，也是由于土地移交的问题，山东临沂市金凤凰置业有限公司负责人张方成，在网上发视频和公开信实名举报当地管委会主任是“老赖”。

这三件事情引起了大家的高度关注。这样的事情在过去是不可想象的，一个商人在地方上最重要的事情就是维护好与当地政府的关系，不到迫不得已，不会与政府撕破脸皮。如今，短时间内密集、高频的企业家上访事件的出现，说明当下已经到了政企关系非常敏感和脆弱的时刻。

政企关系是中国最重要的经济关系和社会关系。在经济运行中，政府和市场的关系非常关键，准确地说是政府和企业的关系非常关键，因为企业是市场的细胞。以下三方面可以说明这一点。

第一，政企关系是影响经济发展的制度环境之一。政企关系塑造了产权制度和缔约制度，好的政企关系会首先保护政府和企业之间的契约关系或协议，也会保护企业和企业之间的关系；不好的政企关系与此相反。这两种制度是衡量营商环境好坏的两个重要方面。

第二，政企关系关乎官员和商人的切身利益。从理论研究上讲，地方的政企关系良好，经济增长快速，则官员晋升的概率更高；扭曲的政企关系则会导致企业陷入发展的困境。企业家都非常关心如何搞好政企关系。

第三，中国正面临政企关系重塑的关键时期。目前，中央对政企关系高度重视。2018 年，国务院召开的第一次常务会议就营商环境专题讨论，由国家发改委牵头抓紧建立营商环境平台机制，将逐步在全国推行。因此，研究政企关系成为迫切的需求。

四种类型的政企关系

那么，我们怎么对政企关系展开研究呢?

我们要想深入研究政企关系，要回顾和评价过去 40 年政企关系的状况或特征，在此之前必须做一些概括和区分，即定义什么是政企关系，有哪些政企关系，在此基础上，就这个话题在媒体和学术上展开深入的讨论。

政企关系是政府通过一些政策与辖区企业在博弈过程中形成的某种互动模式。以西方政企关系模式为例，政府和企业有着相互影响的作用。政府影响企业有几种渠道：第一是法律；第二是专门的管制机构，如药监局；第三是金融管制机构；第四是贸易政策，特朗普就是通过贸易政策极大地影响了政企关系。反过来，企业也会影响政府，它的影响也有很多渠道：第一是个人的游说；第二是工会、贸易协会、行业协会，通过制度化对政府施加影响；第三是所谓的政治行动；第四是投资。曹德旺去美国投资，美国总统特朗普要接见他，州长也要接见他，这是政企关系。从这个角度看，西方的政企关系和中国的政企关系没有太大的差别，都是政府和企业家之间的相互影响。

在定义明确的基础上，可以从两个维度将政企关系分为四种类型：政企合作、政企分治、政企伤害和政企合谋（见图 15－1）。划分的两个维度是：政府是否干预企业的经济活动；政府与企业的互动是否合法。

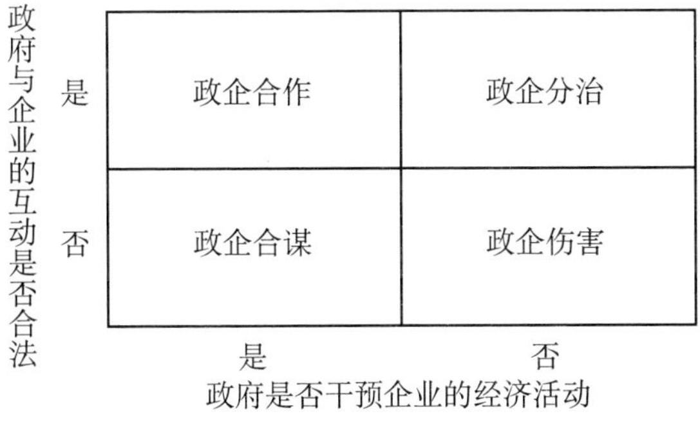

图 15－1　四种类型的政企关系

第一个是政企合作。政府与企业有紧密的关系，政府主要帮助企业发展，给予企业一定比例的补贴及其他优惠政策，政府和企业合法合规地一起做项目。

第二个是政企分治。这种模式类似于欧美施行的模式，即政府和企业保持一定的距离，政府不能干预企业的微观活动，企业也不能随便参与政治。这是相对分治的状态，叫作政企分治。

第三个是政企伤害。有些地方政府可能会对企业涸泽而渔、杀鸡取卵，只想到怎么像一个强盗那样去抢钱，做一个寻租型政府；企业也可能利用企业的影响要挟政府，伤害政府，比如有些企业到处骗补贴，到每个地方吹个大泡沫，拿到一笔钱后跑路。这两种情况都称为政企伤害。

第四个是政企合谋。这种模式中，政府和企业有非常紧密的关系，但政府和企业之间的行为很多是见不得光的，比如政府包庇企业造假、环境污染等行为。

根据这四种类型还可以分出更多细致的内容，比如根据政府或企业合作的密切程度可以分出不同的政企合作模式，政企合一就是一种政企合作的方式，无为而治则是政企分治的一种状态。根据合谋的程度，政企合谋也可以划分为不同的等级。

通过这种方式把政企关系分类，才能深入展开研究。如果没有这些概念，我们就没有办法研究政企关系应该怎么处理、怎么判断政企关系。

中国政企关系的三个阶段

对于中国过去 40 年的政企关系，我们可以从理论框架出发进行梳理。

笔者经过深度研究之后发现，中国民营企业发展或中国政企关系并不是波澜不惊，而是暗流涌动；不是一马平川，而是有波有折。

中国政企关系可以分为三个阶段。

第一个阶段，1949—1978 年，是政企合一阶段。那时候没什么民营企业，只有国有企业，国有企业是政府的一部分，政企关系比较简单，可以称为政企合一。在这个阶段，企业完全是政府的附庸部门，没有独立存在的空间。国有企业相当于政府的车间，国有企业没有自主权，大部分国有企业都归中央直接管理。

第二个阶段，1978—2012 年，既有政企合作也有政企合谋。这个阶段有一个很重要的特点是政企合作和政企合谋两者交织存在。1978 年之后，以经济建设为中心。企业和政府有共同的利益诉求，共同追求把经济搞上去，让政府得到更多的财政拨款，让官员得到更多的晋升机会，让企业得到更多的利润，这是双赢的结果。在这一阶段，双方都有动力把经济蛋糕做大，既有光明正大的政企合作，也有暗度陈仓的政企合谋。

1978 年改革开放以来，中国的经济能保持中高速增长，政企合作发挥了非常重要的作用。在地区竞争的过程中，乡镇企业是政企合作的产物。虽然现在基本没乡镇企业了，但那个年代乡镇企业可以说是民营经济的主力军，很多个体私营企业挂靠在乡政府名下，这是一种合作。

“招商引资”是中国的特色之一，很多地方政府为了招商引资真的是呕心沥血。在东南沿海等地方，地方政府为了招商，“白加黑”、“5+2”、优惠的产业政策等，都是政企合作的重要体现，也是中国经济增长的动力。

第三个阶段，2013 年以来。这个阶段比较复杂，既有政企分立，政府与企业形同陌路，也有政企伤害。但政企关系的趋势是走向新型的政企合作，只不过目前还没有形成。

党的十八大以来，空前的反腐运动打破了一直以来的政企关系，以此为标志，政企关系进入重塑阶段。这个阶段可以简单概括为：“合谋有风险，合作无动力，分立更安全，伤害难避免。”政企分立和政企伤害共存。随着全国政协十二届四次会议期间习总书记提出要建立“亲”“清”的政企关系，新型的政企关系正在形成。

“亲”“清”的政企关系为何难建立

如何建立新型“亲”“清”的政企关系？

怎么做，是大家比较关心的热点问题，之所以讨论政企关系也是因为政企关系比较难，难到总书记要亲自出来破题。2016

年，总书记在两会期间谈到如何建立“亲”“清”政企关系。这个话题在报纸等媒体上反复出现就说明这个事情不好解决。为什么政企关系这么难搞？症结在哪里？可从以下四方面来分析。

第一，政府对于微观经济活动的干预过多。用吴敬琏先生的话说“中国是个管制型市场经济”。

第二，缺乏对企业家人身安全和财产权的保障。在笔者调研的企业中，有相当一部分中国企业家最为关心的是政策风险，而非市场风险。中国是个发展中国家，法律法规存在不完善之处，我们要建设法治国家，还有很长的路要走。“稳就业、稳金融、稳外贸、稳外资、稳投资、稳预期”之外，“稳人心”也十分重要。

第三，不平等的官商地位。自古以来，“士农工商”是社会地位的排序。虽然现在已经不看重这种地位的排序，但是本质上仍然存在官员与商人地位的不平等。晋商是中国传统商业文化的杰出代表，山西人即便赚了再多的钱也要给父母买个官，哪怕给他死去的爷爷也要买个官，这样才能光宗耀祖。换句话说，商人永远没有高的地位。在这种条件下，很难做到“亲”“清”。

第四，一直存在的意识形态。改革开放以来，民营经济发展的障碍一直存在，即便是 20 世纪 80 年代民营经济的黄金时期也存在意识形态的阻碍。

构建新型政企关系的八个建议

根据上文的分析，尤其是对政企关系症结的分析，以下谈谈如何构建“亲”“清”或新型政企关系。

第一，加强对权力的监督，减少政府对微观经济活动的干预。在资源配置中真正实现“市场起决定性作用”，同时“政府发挥更好的作用”为辅。

第二，大力发展民营经济，力推“竞争中性”原则。研究发现，政企关系比较好的地方，民营企业发展较快，经济状况较好，相关地区的政府更倾向于“放水养鱼”；相反，政企关系较差的地方，民营企业数量比较少，如果再加上监管严厉，“涸泽而渔”“杀鸡取卵”，营商环境就越来越差。

第三，切实保护企业家的合法权益，杜绝有罪推定。在处理经济案件时不要轻易刑事化。一般情况下，市场经济应该以民法为主体，换句话说是：市场能解决的事情，尽量让市场去解决，不要随便使用公权力。公权力介入很容易滋生腐败。

第四，推进政策的规范化、透明化。

第五，在政策制定过程中加强政企互动。加强在政策制定过程中政府与企业的沟通，做到政策可以实施，减少政策不接地气的情况。同时，加强媒体的监督，防止政企合谋的情形发生。

第六，政府要培养平等意识和加强建设契约精神。良好的营商环境是建立在平等基础上的，同时，要杜绝地方政府“新官不理旧账”现象的发生，加强政府的契约精神建设。

第七，荡涤传统官商文化陋习的影响。

第八，解放思想，重新认识执政基础问题。

习总书记曾对“亲”“清”政商关系有“两个毫不动摇”的表述，即毫不动摇地巩固和发展公有制经济，毫不动摇地鼓励、支持、引导非公有制经济发展。允许民营企业家入党，也正是为了构建稳健的执政基础。从意识形态上解决民营企业的地位问题，将利于国家的长治久安。

（本文由聂辉华教授于2018的12月19日在人大重阳系列讲座中的演讲整理而成。）

16.

中国环境治理 40 年

王　华*

过去 40 年（1978—2018 年）中国经济高速增长，举世瞩目，令人骄傲。自 1978 年改革开放以来，环境问题从无到有，日益突出。过去几年里，在国家综合治理下，部分环境问题有所缓解，但只是局部有所改善。

本文第一部分谈中国在过去 40 年（1978—2018 年）里环境方面的变迁，侧重于从环境制度建设角度着眼；第二部分讲述过去 20 年（1998—2018 年）笔者的一种追求。

40 年的变迁

我国经济和环境变迁可以总结为三句话：经济持续高速增长，

* 中国人民大学环境学院原院长、环境与资源经济学海外特聘教授。

举世瞩目，令人骄傲。环境问题从无到有，不断恶化，令人难以忍受。部分环境问题近年有所改善，拐点开始出现，给人以希望。

过去 40 年我国经济高速增长，举世瞩目，令人骄傲。自 1978 年改革开放以来，环境问题从无到有，日益突出。过去几年里，在国家综合治理下，部分环境问题有所缓解，但只是局部有所改善。图 16－1 展示了经济发展过程中的环境代价，没有经济发展的时候没有污染，没有环境问题；有了经济发展，环境污染物增加；经济发达后，环境要改善，这时出现环境的拐点。库兹涅兹曲线是一个倒 U 形的曲线，到了顶点后开始下降，那个顶点就叫拐点（见图 16－2）。从各国的实际情况来看，人均 GDP 达到 8 000美元左右的时候，拐点开始出现，由此可知，我国的拐点即将出现。某些污染物的拐点在我们国家已经出现，排放量有下降的势头，这就是给人以希望。

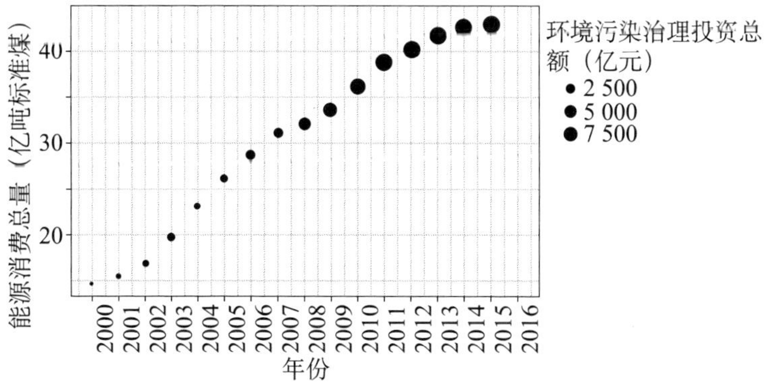

图 16－1　经济发展过程中的环境代价

资料来源：国家统计局。

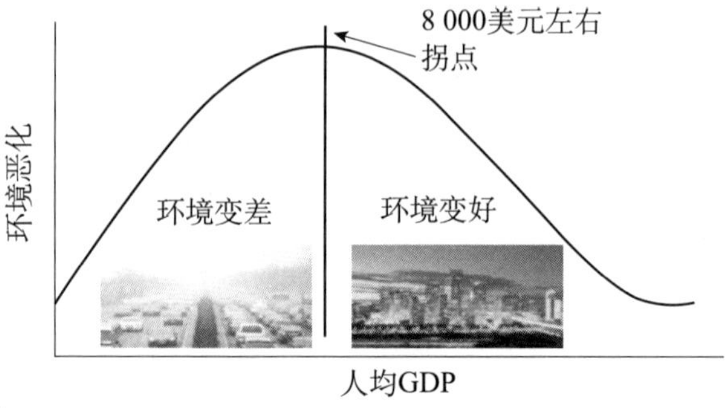

图 16－2　环境库兹涅兹曲线

环境制度建设变迁方面也可以总结为三句话：从理念到方法，从无到有，不断加强，达到国际先进水平。经济高速发展，问题不断涌现，制度建设滞后。借鉴国际经验，具有后发优势，制度建设优于发达国家同等水平。

现在我国环境治理的理念和水平已经达到国际先进水平，尽管有些地方不如欧美发达国家，但是整体的体系，甚至理念方面是超前的。我国的生态文明概念甚至推动了国际可持续发展。制度建设滞后是因为制度建设总是跟在问题之后。我国过去 40 年（1978—2018 年）发展太快，问题涌现太快，制度建设无法预测到全部问题。但实际上我国制度建设方面是较快的，有一定的后发优势，因为我们可以借鉴发达国家已有的成果。例如，《中华人民共和国环境保护法》借鉴了美国环保法标准。在同等发展水准上比较，我国制度建设是处于先进水平的。我国的环境管理机构也在不断改革，能力不断增强。1974 年时只有一个领导小组，1982 年在城乡建设环境保护部下面有一个环境保护局，1984 年成为国家环境保护局，1988 年成为副部级的国家环境保护局，1998 年成为正部级国家环保总局，2008 年成立环境保护部，2018 年成为生态环境部。我国的环境制度建设可以分成四个阶段：1953—1978 年是重工业优先发展阶段，1979—1991 年是初步建设阶段，1992—2012 年是积极应对阶段，2012 年至今是生态文明建设阶段。

我国在环境保护中所采用的具体政策手段主要包括命令管制类手段、经济刺激类手段、劝说鼓励类手段。命令管制类手段是制定标准，有明确的要求和禁止事项，包括环境影响评价制度、“三同时”制度、排污许可证制度、环境标准制度等；经济刺激类手段是通过市场的税、费、交易等进行调整，比政府管制手段的成本更低，包括排污收费制度、可交易许可证制度等；劝说鼓励类手段包括环境信息公开政策、环境认证政策、环境听证与公众参与制度等。除此之外，还有信息手段、社会手段。在中国，信息手段、社会手段和管制手段、经济手段相比不应该更弱，甚至很多情况下应该是更强的。在国际上的一些地方，没有管制手段，没有经济手段，社会手段、信息手段可以发挥重要作用。

环境保护政策手段的 40 年变迁呈现以下特点：政府管制手段发挥主导作用，效率高，成本也高；有法不依、执法不严情况较严重，但近年明显改进；经济手段和社会手段有显著作用，但没有得到充分发挥；制度体系需要转型改造，实现环境治理体系和治理能力现代化。

20 年追求

下文分享过去 20 年（1998—2018 年）里与笔者相关的一些政策方面的创新及发展，包括三个方面：环境信息公开、环境圆桌对话和环境社会治理。

环境信息公开

笔者在 1995 年进入世界银行工作时认识到，环境信息公开应在我国大力推行。笔者主要有两点认识：一是从建设法治社会看，只有信息公开才能让老百姓获得法律赋予的知情权、参与权、监督权、索赔权。二是从制度建设看，环境信息公开是环境管理可行有效的政策手段，与排污收费、环境标准是并立的政策手段。基于当时的学习，笔者准备在国内推动环境信息公开，在国内举办了若干讲座，宣传环境信息公开的好处。

1998 年之前，我国所有的环境信息都是机密，因此当时几乎所有人都质疑环境信息公开。在笔者的持续推动下，1998—2000 年，镇江和呼和浩特试点企业环境信息公开，发现信息公开不仅不会造成社会的强烈反感，反而成为促使企业逐渐改进的动力（见图 16 - 3）。2000—2002 年，环境信息公开在江苏得到推广。2002 年，笔者出版了《环境信息公开：理念与实践》。2002—2005 年，国家进行了环境信息公开试点。2005—2007 年，笔者组织起草了我国《环境信息公开管理办法》建议稿，倡导并推动政府建立正式制度。2007 年，《环境信息公开办法（试行）》获得通过并于 2008 年 5 月 1 日起施行。2008—2018 年，笔者继续推动实施、培训、论坛、评估、修改办法。

目前我国的环境信息公开从制度建设方面来看，水平较高，细节还需改进。目前环境信息公开存在的主要不足是：不全面、不准确、不及时、不持久、用户不友好。建议加强政府部门的领导，加强内部协调，加强平台建设、数据库建设等。

图 16－3　环境信息公开促使企业改进

环境圆桌对话

为了推动环境的改善，化解社会矛盾，刺激范围广、数量多的小企业，笔者想到了圆桌对话的方法。环境相关的矛盾大部分是多对多，用常规的办法——协商、调节、仲裁、司法诉讼等无法解决。而圆桌对话的方法可以让利益相关方、责任相关方，甚至独立的第三方、第四方坐在一起开圆桌会议，后来发展为环境圆桌对话。环境圆桌对话是多个利益相关者（政府部门、企业和居民代表，以及环境专家、环境非政府组织和媒体等）为了解决环境问题而进行平等协商对话的会议形式。2000 年笔者最开始提出环境圆桌对话的时候它并不被看好，但是笔者一直在探索实践。探索渠道包括乡镇报告会、县级制度安排、江苏和重庆试点、全国绿色社区建设、问卷调查、社区圆桌对话等。经过探索实践，笔者认为它是可行、有效的，成本低，下一步的关键是推广。

环境社会治理

环境的治理体系可以分成三大方面：一是政府相关的，二是市场相关的，三是社会相关的。环境社会治理是指用社会治理的理念和方法，调动全社会力量搞好环境保护，化解由环境问题引起的社会矛盾。环境社会治理有两大目标：一是把社会力量发动起来，推动环境保护；二是预防和化解社会矛盾。笔者对我国“十四五”工作的建议，包括环境体制改革、环境制度建设、环境社会互动机制建设、社会督政平台建设和地方试点示范几个方面。

环境治理制度建设的理念和意义在于，通过自下而上的方式推动可持续发展制度的建设，通过更加丰富、多元的社会治理方式实现对当前公共管理方式的补充，从而促进环境保护、预防和化解社会矛盾、改善公共管理体系。

（本文由王华教授于 2018 年 12 月 5 日在人大重阳系列讲座中的演讲整理而成。）

中国人民大学重阳金融研究院图书出版系列

智库作品系列

[1] 格拉济耶夫. 最后一场世界大战：美国挑起与输掉的战争. 北京：世界知识出版社，2019.

[2] 刘伟. "一带一路"这五年的故事（七本六大语种）. 北京：外文出版社，2019.

[3] 周洛华. 货币起源. 上海：上海财经大学出版社，2019.

[4] 罗思义. 别误读中国经济. 天津：天津人民出版社，2018.

[5] Wang Wen. China's Bright Future. London：ACA Publishing Ltd，2018.

[6] 刘伟. 中国改革大趋势. 北京：人民出版社，2018.

[7] 程诚. "一带一路"中非发展合作新模式："造血金融"如何改变非洲. 北京：中国人民大学出版社，2018.

[8] 王利明. 新丝路·新格局：全球治理变革的中国智慧. 北京：新世界出版社，2018.

[9] 陈晨晨. 富豪政治的悖论与悲喜. 北京：世界知识出版社，2018.

[10] 郭业洲. "一带一路"民心相通报告. 北京：人民出版

社，2018.

［11］王文．看好中国：一位智库学者的全球演讲．北京：人民出版社，2017.

［12］何亚非．风云激荡的世界．北京：人民出版社，2017.

［13］刘伟．读懂“一带一路”蓝图．北京：商务印书馆，2017.

［14］王文，刘英．金砖国家：新全球化发动机．北京：新世界出版社，2017.

［15］费伊楠，中国人民大学重阳金融研究院．全球治理新格局：G20的中国贡献与未来展望．北京：新世界出版社，2017.

［16］刘伟．“一带一路”故事系列（七本六大语种）．北京：外文出版社，2017.

［17］何伟文．世界新平庸，中国新思虑．北京：科学出版社，2017.

［18］王义桅．一带一路：中国崛起的天下担当．北京：人民出版社，2017.

［19］刘戈．在危机中崛起：美国如何成功实现经济转型．北京：中信出版集团，2016.

［20］中国人民大学重阳金融研究院，中国人民大学生态金融研究中心．绿色金融与“一带一路”．北京：中国金融出版社．2017.

［21］中国人民大学重阳金融研究院．破解中国经济十大难

题．北京：人民出版社，2017.

［22］王文．伐谋：中国智库影响世界之道．北京：人民出版社，2016.

［23］王文，贾晋京．人民币为什么行．北京：中信出版集团，2016.

［24］中国人民大学重阳金融研究院．中国—G20. 北京：五洲传播出版社，2016.

［25］中国人民大学重阳金融研究院．G20 问与答. 北京：五洲传播出版社，2016.

［26］辛本健. 全球治理的中国贡献．北京：机械工业出版社，2016.

［27］中国人民大学重阳金融研究院．“一带一路”国际贸易支点城市研究（英文版）. 北京：新世界出版社，2016.

［28］中国人民大学重阳金融研究院. 2016：G20 与中国（英文版）．北京：新世界出版社，2016.

［29］王义桅．世界是通的：“一带一路”的逻辑．北京：商务印书馆，2016.

［30］罗思义. 一盘大棋？——中国新命运解析．南京：江苏凤凰文艺出版社，2016.

［31］王文．美国的焦虑：一位智库学者对美国的调研手记．北京：人民出版社，2016.

［32］中国人民大学重阳金融研究院. 2016：G20 与中国．北

京：中信出版集团，2016.

［33］中国人民大学重阳金融研究院．“一带一路”与国际贸易新格局：“一带一路”智库研究蓝皮书 2015—2016．北京：中信出版集团，2016.

［34］中国人民大学重阳金融研究院．G20 与全球治理：G20 智库蓝皮书 2015—2016．北京，中信出版集团，2016.

［35］中国人民大学重阳金融研究院．“一带一路”国际贸易支点城市研究．北京：中信出版集团，2015.

［36］黑尔佳・策普-拉鲁什，威廉・琼斯．从丝绸之路到世界大陆桥．南京：江苏人民出版社，2015.

［37］王永昌．财富新时代：如何激活百姓的钱．北京：中国经济出版社，2015.

［38］陈雨露．生态金融的发展与未来．北京：人民出版社，2015.

［39］绿色金融工作小组．构建中国绿色金融体系．北京：中国金融出版社，2015.

［40］王义桅．“一带一路”机遇与挑战．北京：人民出版社，2015.

［41］庞中英．重建世界秩序：关于全球治理的理论与实践．北京：中国经济出版社，2015.

［42］徐以升，马鑫．金融制裁：美国新型全球不对称权力．北京：中国经济出版社，2015.

[43] 陈雨露. 大金融与综合增长的世界．北京：中国经济出版社，2014.

[44] 中国人民大学重阳金融研究院．欧亚时代：丝绸之路经济带研究蓝皮书 2014—2015. 北京：中国经济出版社，2014.

[45] 中国人民大学重阳金融研究院. 重新发现中国优势．北京：中国经济出版社，2014.

[46] 中国人民大学重阳金融研究院. 谁来治理新世界：关于 G20 的现状和未来．北京：社会科学文献出版社，2014.

学术作品系列

[1] 马中，周月秋，王文．中国绿色金融发展研究报告（2018）．北京：中国金融出版社，2018.

[2] 吴晓求. 全球视野下的金融学科发展．北京：中国金融出版社，2018.

[3] 王文，翟永平，等. “一带一路”投资绿色标尺．北京：人民出版社. 2018.

[4] 王文，翟永平，等. “一带一路”投资绿色成本与收益核算．北京：人民出版社，2018.

[5] 马中，周月秋，王文．中国绿色金融发展报告（2017）．北京：中国金融出版社，2018.

[6] 刘志洋、宋玉颖. 互联网金融风险及监管研究．北京：中国金融出版社，2017.

[7] 郑志刚. 从万科到阿里：分散股权时代的公司治理 . 北京：北京大学出版社，2017.

[8] 中国人民大学重阳金融研究院. 金融杠杆与宏观经济：全球经验及对中国的启示 . 北京：中国金融出版社，2017.

[9] 马勇 . DSGE 宏观金融建模及政策模拟分析 . 北京：中国金融出版社，2017.

[10] 朱澄. 金融杠杆水平的适度性研究 . 北京：中国金融出版社，2016.

[11] 马勇. 金融稳定与宏观审慎：理论框架及在中国的应用 . 北京：中国金融出版社，2016.

[12] 庄毓敏，陆华强，黄隽. 中国艺术品金融 2015 年度研究报告 . 北京：中国金融出版社. 2016.

金融下午茶系列

[1] 董希淼. 有趣的金融：一位意见领袖眼中的金融大变革 . 北京：中信出版集团，2016.

[2] 刘志勤 . 插嘴集 . 北京：九州出版社，2016.

[3] 刘志勤. 多嘴集 . 北京：九州出版社，2014.

[4] 中国人民大学重阳金融研究院. 金融是杯下午茶 . 北京：东方出版社，2014.

图书在版编目（CIP）数据

强国与富民：人大重阳名家解读中国发展 / 中国人民大学重阳金融研究院主编. — 北京：中国人民大学出版社，2019.8

ISBN 978-7-300-27223-8

Ⅰ.①强… Ⅱ.①中… Ⅲ.①中国特色社会主义-社会主义建设模式-文集
Ⅳ.①D616－53

中国版本图书馆 CIP 数据核字（2019）第 162029 号

强国与富民

人大重阳名家解读中国发展

中国人民大学重阳金融研究院　主编

Qiangguo yu Fumin

出版发行	中国人民大学出版社		
社　　址	北京中关村大街 31 号	**邮政编码**	100080
电　　话	010－62511242（总编室）		010－62511770（质管部）
	010－82501766（邮购部）		010－62514148（门市部）
	010－62515195（发行公司）		010－62515275（盗版举报）
网　　址	http://www.crup.com.cn		
经　　销	新华书店		
印　　刷	北京联兴盛业印刷股份有限公司		
规　　格	148mm×210mm　32 开本	**版　　次**	2019 年 8 月第 1 版
印　　张	7.875 插页 2	**印　　次**	2019 年 8 月第 1 次印刷
字　　数	152 000	**定　　价**	49.00 元
